恋愛依存症

経験のない人たちには、決してわからないだろう。
そうした傾向を持たない人たちには、理解や共感は不可能だろう。
しかし、「苦しい恋」に引き寄せられ、
そこから抜け出せない人たちは、たくさんいる。
しかも、やっとのことで一つの苦しい恋に終止符が打てたのに、
「また何度も」同じことを繰り返してしまう人たちは、
確実に存在するのである。

愛の苦しみから抜け出せない人々——序

いわゆる芸能人や有名人を見ていて、不思議に思うことはないだろうか。

・なぜこの人は、父親ほど年の離れた人とばかり恋愛を繰り返すのだろうか？
・こんな人とさえつきあわなければ、この人は安泰でいられたはずなのに。
・社会的地位も高くて頭も良さそうな人が、なんでこんな女（男）にひっかかるんだろう？
・これほどの美女だったら、男なんて選びたい放題だろうに。よりにもよって、なんでこんな男をわざわざ選ぶの？
・さっさとやめて別れれば、幸せになれるはずなのに。なんで続けているわけ!?
・タチの悪い女（男）だな。こんな人と恋愛をしたら、絶対に不幸になりそう。相手はなんでそんなことがわからないんだろうか？
・まただ、この人。いいかげん、懲りないのかしら？

まあ、それに対しては、「芸能人だから」「あっちの世界の人たちだから」ということで、〝特異なケース〟として片付ける向きもあるだろう。むしろ、「かっこいい」「さすが個性や才能のある人たちは違う」と魅力にさえ感じる人もいるだろう。

　私は心理カウンセラーではない。だから、お金を取って相談を受け付けているわけではない。しかし、「心理学の専門家」「特に男女の心理が専門」ということで、大学での授業や企業研修の休み時間・終了後に、「質問があるんですけど」「ちょっと相談したいことがあるんですが」と恋愛相談をされることが日常茶飯事だ。また、携帯電話の公式サイトの監修を一〇年以上やっていたので、そこでの「恋愛相談コーナー」において、何万件という恋愛のお悩みを見てきた。

　すると、「苦しい恋」は決して特異なものでも、芸能人や有名人たちだけのものでもなく、程度の差はあるにせよ、「そこかしこに、当たり前のように存在する」ことを痛感するのである。

・彼が浮気を繰り返します。でも、彼のことが好きで、離れられないんです。
・不倫の恋で苦しいです。彼は奥さんと別れる気が本当にあるんでしょうか？　会えば会うほどつらくなります。でも、また会ってしまうんです。
・彼の暴力に困っています。すぐにキレるんです。普段はいい人なんですが……。
・彼が働きません。私が養っている状態です。未来のない恋に絶望しています。

・私には、人から愛される資格なんてありません。だから、一生ひとりぼっち、一生孤独でいいんです。
・私が「都合のいい女」なのはわかっています。彼は私を利用しているだけです。ええ、わかっています。友だちからはバカだって言われるけど、彼のことが好きなんです。がんばれば、いつか振り向いてくれることもありますよね？
・「この人は、今までの人とは違う」っていつも最初は思ってしまうんですよね。そしてまた、いつものパターンという……。
・もう女性を信じることができません。何度騙されたことか。あいつら、結局、僕のお金だけが目当てなんですよ。
・いいのはいつも最初だけです。相手を愛すれば愛するほど、不安や猜疑心《さいぎしん》が募っていくんです。で、結局、自分から関係を壊してしまいます。そんな自分が、ほとほとイヤになってきます。
・助けてください。仕事の面では「できる女」と思われてるし、実際、そんな感じだと思います。でも、恋愛面ではからっきしダメなんです。いつも、ダメ男につかまるんです。できる女って思われてる分、誰にも相談できないし……。
・もういいんです。疲れました。私は幸せになれない人間なんです。初めっから、恋愛なんてしないほうが、人を好きになんかならないほうがいいんです。そうですよね？
・どれだけ尽くせば、私は愛されるんでしょうか？　もう限界です。

書いていけばキリがない。しかし、そうした人たちのほとんどは、「自分だけがそういう悩みを抱えている」「自分は特殊でレアなケースだ」「もう底なしで、救いようがない状態だ」と思っているフシがある。

違う。

もしかしたら、逆に残念に思うかもしれないが、そうした人たち・そうした悩みは決して特殊なものではない。「普通」だし、「珍しくも何ともない」のだ。苦しい恋を抜け出したいのなら、まずはその事実をしっかり認識することだ。「自分だけ」「特殊」「だから救いようがない」という思考パターンは、百害あって一利なしである。

そして、もう一つ認識していただきたいのは、苦しい恋には「メカニズム」と「処方箋」があるということだ。苦しい恋に引き寄せられる・はまって抜け出せない・繰り返してしまうことの裏には、一定のパターンや法則があり、対処法が存在する。

風邪と同じだ。風邪という病気が存在することや、その原因や症状を知る。風邪をひいたときの対処法や予防策を知って実行する。もちろん、そうしたことを知る・実行をしたとしても、「一生、風邪に絶対にかからない」「今すぐに風邪が一〇〇%治る」ということはない。しかし、知っているかどうか、実行するかどうかでは大きな差が確実につくことは自明である。
申し訳ないが、すぐに彼や彼女が自分の思うように変わってくれるとか、今の状況がすぐに一八〇度変わってハッピーな恋に生まれ変わる……という「魔法の処方箋」は存在しない。ケースとしてあり得なくはないし、本書で紹介をしている方法によって「可能性」はあるものの、「今すぐ」「一八〇度」「何もかも自分の思い通りに」は期待しないほうがいいだろう。

しかしながら、もし自分の心の奥底に踏みこんでいく勇気が持てるのなら、そして同時に、「なぜ客観的に見たら、とても幸せとはいえないような恋愛にはまってしまうのか？　なぜそこから抜け出せないのか？　どうすれば抜け出せるのか？」の心理メカニズムに関する知識を手にすることができるのであれば、今よりは確実に「苦しい恋に苦しむ」ことは減っていくだろう。

本書では「恋愛依存症」という大きなテーマのもと、本来であればもっとも大きな幸福をもたらすものであるはずの恋愛（そして性愛）をめぐって、「なぜ苦しむのか」「なぜ苦しみの状態から抜け出せないのか」「なぜいつも同じような苦しいパターンにはまるのか」「どうすれば苦しみから抜け出せるのか」を心理学的な視点を中心に解説していく。

本書を通じて、あなたのつらさや苦しみが少しでも和らぐことを願っている。また、より幸福な恋や人間関係を手にする一助となれば幸いである。

苦しむ必要はもうないのだ。

二〇一五年三月

伊東　明

恋愛依存症

目次

第1章

愛という名のドラッグ

――危険な愛に取り憑かれるとき

第2章 共依存
——苦しい愛から抜け出せない人たち

第3章 回避依存――幸せになるのが怖い人たち

第4章

ロマンス依存
──愛の刺激にはまる人たち

第5章 セックス依存——苦しみを性愛でしか癒せない人たち

第6章 やすらぎと癒しを求めて

――回復への一〇のステップ

装幀……長坂勇司
カバー写真……ⓒAKANE/a.collectionRF/amanaimages
本文設計・DTP……二ノ宮匡（ニクスインク）

第1章

愛という名のドラッグ

——危険な愛に取り憑かれるとき

「人を幸せにする究極の宝物とは何でしょうか？」

こんな質問を真剣に投げかけられたら、みなさんはどう答えるであろうか？

私なら、何の躊躇《ちゅうちょ》もなく「愛である」と答えるだろう。心理学という学問を学べば学ぶほど、悩める人々の言葉に耳を傾ければ傾けるほど、幸福に生きている人々の姿を尊敬の念を持って観察すればするほど、その答え一つに収束していくばかりである。

ただ、私がここで「愛」と呼んでいるものは、恋愛や性愛のみを指すのではない。「あるがままの自分」「（異性に限らない）他者全般」「今生きているこの世界」の三つを受け容《い》れる気持ちのことである。この点は本書で繰り返し出てくるが、非常に重要である。

なぜ重要なのか。それは、愛を「異性間で交わされる刺激的・情熱的な恋愛感情やセックス」というごくごく狭い視点でしかとらえられなくなった時、愛をめぐる心の病が始まるからである。最高の幸福をもたらすはずの愛が、最悪の苦悩をもたらすものになりかねないのだ。

さて、あなたはどうだろうか。愛はあなたに幸福をもたらしているだろうか？　それとも苦悩をもたらしているだろうか？

「愛するがゆえの幸福と苦悩」、その両方がバランスをとりながら、多くの人は愛するということを行っているのであろう。

だが、そのバランスが大きく崩れてしまっている人たちが大勢いることも確かだ。

まずは由美という女性のケースを見ることから始めてみよう。

抜け出せない愛に悩む

〔ケース1〕由美（19歳　専門学校生）

「先生、私はどうすればいいんでしょうか？　やっぱり、良樹とは別れたほうがいいんでしょうか？　もしそうなら、どうすれば別れられるんですか？　どうすればお金を貸さなくてすむようになるんでしょう？　どうすれば良樹を変えることができるんでしょうか？　どうすればば？　どうすれば？　どうすれば……」

私のところにやってきたのは、ちょうどこんな状態の時だった。「おとなしい美少女」という感じの由美。男なら誰もが「守ってあげたい」と惹きつけられるタイプだろう。

由美は私の目を見ていなかった。うつむいて、むしろ必死に自分に問いかけているようであった。

「どうすればこの苦しみから逃れられるのだろう？」と。

良樹というのは、一応由美の現在の彼氏ということになっている人物である。

良樹と出会った時、由美は一九歳の誕生日を迎えたばかりだった。

「ナンパされたんです。友達とファストフードでお茶していたら、隣の席にいた二人の男の子が『ごめん、今、何時?』って。もちろん、その後はお決まりですね。『何してるの?』とか『せっかくだから、一緒に話そうよ』とか……。私は怖かったから、うまくあしらって何とか早く逃げたかった。だって、一人は黒いスーツに金ぴかのネックレス、ロン毛でいかにものホストふうだったし、もう一人はいかにも悪そうな、赤い髪のまじったヤンキーふうだったし。でも、友達はホストっぽいのに目がないから、結局うれしそうに話にのっていた。それで、私だけが帰るなんて言うと友達に悪いから、結局、四人でカラオケへ、その後に居酒屋へ行くことになりました」

由美の恋愛経験はわずかである。見知らぬ男性といきなり遊ぶという経験もそれまでなかった。

だから、別れぎわ、由美の友達とホストふうの男性は電話番号を交換していたが、由美は適当な言い訳をして番号を教えなかった。だから、これはこれで終わりなんだと思っていた。まあ、ナンパされてついていったなんてこともなかったから、いい経験にはなっただろう。そう思えば楽しかった。一日限りの体験。

しかし、その一週間後、良樹と名乗る男性から突如電話がかかってきた。

誰……？

「この間、一緒にカラオケに行った」

……でも、なぜ……？

「あれから、君のことが気になってしょうがないんだ。忘れられなくて」……。

どうしても由美と連絡を取りたいという良樹の願いをホストふうの男性が聞き、そこから由美の友人へと伝わった。そして、友人が由美の電話番号を教えていたのである。

「かかってきた瞬間は誰だかまったくわからなかったし、わかった時は『京子（由美の友人）、なんで勝手に私の番号を教えたのよ!?』って頭の隅で怒りながら、とても戸惑いました。だから、適当にしゃべって早く切ってしまおうと思ったのですが、良樹は熱心に話しかけてきて、切ろうとする様子はまったくありませんでした。私、自分から電話を切ることができない人なんです。でも、気がつくと、良樹のペースにのせられていて。結局、二時間以上は話したでしょうか」

良樹は二二歳でフリーターをしているという。実家は埼玉にあるが、家にいると何かと親がうるさいので、昨年から都内で一人暮らしをしている高校時代の先輩（先日のホストふうの男性）のところに居候させてもらっている。由美のような純粋で、心のやさしい女性が好きなのだという。

「話してみると、良樹はいい人でした。ああいう外見だし、口数も少なかったから、この間はひたすら怖い人って思ったけど。『この間は先輩がいたから、自分はあまり口出しできなかったし、本当は初対面の女の子と話すのは苦手なんだ』って。『自分はこういう外見だから誤解されやすいんだ』って。外見を見ないで、電話の声だけ聞いていると、良樹のやさしさが伝わってきたんです。良樹の言葉通り、私は、『あ、この人は本当はやさしい人なんだ。ナイーブな人なんだ。でも、外見で誤解されてしまうんだ』って思いました。電話を切った後、急に良樹のことがかわいそうだと思えてくるのと同時に、愛《いと》おしくなって、すぐにでも会いたいという気持ちになりました。そういう気持ちになったのは私の人生で初めてでした」

由美はファッションデザイナーになるという幼い頃からの夢をかなえるため、故郷の新潟を離れて東京の専門学校にやってきた。

東京に出てくるまで、恋愛経験はなかった。高校は共学であり、同級生や他校の男の子たちと遊園地でのグループデートや合コンのまねごとみたいなこともした。しかし、彼氏・彼女という仲にまで発展したことはない。告白されたことも二度あったが、単純に「その男の子たちに興味が持てなかった」から、ＯＫはしなかった。

だが、一人暮らしの寂しさも手伝ってか、東京に出てきてすぐに孝弘という男性とつきあった。孝弘は由美の通っていた専門学校と同じ路線にある大学に通っており、由美と同じ歳である。友人の紹介で、その友人の彼氏も含めて四人でドライブに行ったのがきっかけだった。孝弘は気弱なところも多少あるが、とにかくまじめでやさしかった。由美も孝弘を「いい人だ。一緒にいてくつろげる」と思った。初体験の相手も彼である。

しかし、夏休みを利用して帰省し、一カ月ほど会わない期間が続くと、彼への気持ちは急激に冷めてしまった。東京に戻ってくると「会わなくてもいいや」「会うのが面倒くさい」という気持ちばかりが先に立ってしまい、彼から電話がきても、気持ちの入らない適当な応対になった。また、デートに誘われても「夏休み明けでいろいろやらなきゃいけないことがあるから忙しい」などと断ってばかりいた。そのうち、孝弘からの電話は自然に途絶えた。

かわいそうな彼を愛してあげなければ

良樹から電話のあった明くる日、由美と良樹は居酒屋で「あらためて、二人の運命的な出会いに乾杯」をした。そして、そのままホテルで一夜を過ごした。

「今度は良樹の姿がまったく違って見えたんです。確かにパッと見は怖いかもしれないけど、それは本当の姿じゃないんだ、って。本当はやさしくて傷つきやすい人。私だけがそれを知っているんだっていうような、満足感というか優越感もありました。今までこんな気持ちになったことはなかったから、これが『恋する』っていうことなんだと思いました。だから、良樹にはまだ二回しか会っていないけど、好きなんだから体を許すのは当然だと思ったんです。むしろ、私のほうこそ良樹に抱かれることを求めていたのかもしれません」

朝になって、「別れたくなかったから」、二人はそのまま由美の部屋へと移動した。以後四日間、良樹は由美の部屋に滞在することになる。そして、良樹は先輩の部屋においていた荷物を引き上げ、由美の部屋へと移動させた。初めてのデートから五日目で、二人は同棲を始めたのである。

「とにかく一緒にいたかったし、親にバレることもないから、何の躊躇や疑問もなかった」という。

由美にとって（本人が思うところでは）本当の意味で初めてともいえる恋愛、初めての同棲生活で、「毎日が天国にいるようだった」というのも容易に想像がつく。

「私が料理を一生懸命作ってあげて、良樹がそれを『おいしい、おいしい』って言いながら食べてくれたり、一日中部屋にこもっていちゃいちゃしながらテレビやＤＶＤを見たり。学校に行っている時間以外は、ずっと一緒でした。友達の誘いも全部断って、とにかく家に早く帰ることだけが楽しみでした。

それに、一緒にいるうちに、彼がかわいそうな人だってこともわかったんです。家でも学校でも問題児扱いされてきて、誰も彼を愛してあげなかった。お父さんとお母さんも別居状態みたいだし。ちょっと恥ずかしい言い方だけど、彼は愛に飢えているんだと思いました。だから、その分、私が一生懸命愛してあげなきゃ、と。良樹も『こんなにやさしくされたのは初めてだ。由美だけがオレのことをわかってくれる』って言ってくれました」

恋愛の初期段階では「ハネムーン期」といって、何もかもがすべてバラ色、相手のことがとにかく愛おしくて仕方がない状態になることが少なくない。相手のことを考えるだけ、相手のそばにいるだけで、体中に幸福感がみなぎってくるのだ。

しかし、ハネムーン期には必ず終わりが訪れる。ハネムーン期が去ろうとするまさにその時、二人の関係に大きな壁が立ちはだかる。その壁の乗り越え方は大まかに三通りあり、それによりその後の行方が大きく分かれていく。

第一は、もうときめきを感じなくなった相手にさっさと見切りをつけ、またあの素晴らしいハネムーンに連れていってくれる新たな相手を探し求めることである。

第二は、惰性でつきあっていくことである。実はもう相手に対する愛情はあまりないのだが、さまざまな理由で（たとえば、他に相手が見つからない、新たな相手を探したり、また一から関係を始めるのが面倒である、別れに伴うごたごたが嫌だなど）積極的に離れようとはしない。お互い、または一方が、仮面をつけて表面では今まで通り愛情があるようにふるまっている場合も多い。

第三は、強烈な高揚感が薄れてしまったことは素直に受け入れ、さまざまなやり方・工夫で、愛情のある関係を続けていくことである。すると今度は、同じ愛情でも、「ドキドキ」というよりは「やすらぎ」という感じになり、また違った意味で愛情による結びつきが強くなる。「他にもつきあってみたいなと思える人はいるけど、やはり最終的にはこの人しかいない」という感覚だ。この段階で、恋愛関係は「安定期」に入る。惰性ではなく、本当の意味で関係を長続きさせるためには、このハネムーン期から安定期への移行が必須なのである。

話が少し横道にそれたが、繰り返すと、何もかもが素晴らしいハネムーン期には必ず終わりが訪れる。しかし、由美の場合には、あまりにもそれが早足で、そして信じられないほど極端な形でやってきた。天国から徐々に階段を下りていったのではなく、いきなり頭から真っ逆さまに突き落とされたのである。

「良樹のわがままが始まったのは、同棲を始めて二週間が過ぎたくらいからだったと思います。たとえば、前は私が作ったご飯を『おいしい、おいしい』ってうれしそうに食べてくれていたのに、良樹のためにご飯を作るのがだんだん当たり前、むしろ私の義務だという感じになっていきました。『まだかよ、遅いな』『早くしろよ』みたいに。

もちろん、食事だけではありません。掃除をするのも、良樹の服を洗濯するのも私の役目。セックスだって、すべて良樹の気まぐれで、素直に応じないと手がつけられないほど不機嫌になりました。だから、いくら私の気分がのらなくても、そんなそぶりは見せられません。

まだそれくらいなら何とか我慢できると思ったのですが、一番困ったのは、徐々にお金をせびりだすようになったことです。それも『銀行に行くのが面倒だから、ちょっと三〇〇〇円貸しといて。今度銀行に行ったら返すから』とか一応の言い訳や返す約束はしていたのが、ただ『五〇〇〇円貸して』に。金額も徐々にエスカレートしていくし、いっこうに返す気配もないから、私が『貸してもいいけど、何に使うの?』と聞いても、『別にいいじゃん』で終わりです。それに、同棲していたのに、家賃から何から生活費はすべて私持ちでした。仕送りとちょっとしたバイトで何とかやっていけるくらいだったのに、良樹にお小遣いまでせびられて、私が自由に使えるお金はほとんどなくなってしまったんです」

由美が自分の思い通りに言うことを聞かない時、良樹は決まって次のようなセリフで由美を責め立てた。

「『オレがどうなってもいいっていうのか!』とか、『オレのこと愛していないのか! 本当に愛しているんだったら……』とすぐに言うんです。たとえば、お小遣いをあげるのを拒否すると、『食い物を買う金だってないんだぞ。オレが飢え死にしてもいいっていうのか!』みたいに。

それに、これが私には特につらかったんですけど、昔の彼女をすぐ引き合いに出してきました。昔の彼女は直子っていいますが、言うことを聞かなかったり、何か気に入らないことを私が言ったりするたびに、『直子はこうしてくれた』『直子はそんなこと言わなかった』といちいち言うんです。そういうふうに言われると、『私がいけないんだ』となぜか罪悪感を覚えてしまうんです」

愛されているのか、利用されているのか

そんな状態がおよそ二カ月ほど続き、由美はもう耐えられないと思った。自分の心も体も悲鳴をあげていると思った。友人からも「最近、元気ないけどどうしたの?」と言われることが多くなった。毎日が憂鬱で「どうしたらいいんだろう?」「なんでこんなことになってしまったんだろう?」とそればかり考えていた。これ以上この状態を続けたら、自分は内側から崩れ落ちていくだろう。何とかしなければ。

由美は思い切って、仲のよい友人たちに打ち明けた。

「包み隠さず、本当のところを話しました。さりげない感じで言ったつもりなんだけど、友人はただただ驚いていました。そんなひどいことが実際にあるなんて。私がずっとそんな状態で悩んでいたなんて。しかも、まじめでおとなしそうな、この私に限って……。みんなこんな

ふうに言いました。

『そんなヤツ、最低じゃん。すぐ別れなよ』

この言葉を聞いて、そうか、やっぱり別れたほうがいいのか、と思うのと同時に、正直なところ、良樹はそんなに悪い人じゃない！　と心の中で叫んでいました。

『最低』と言われれば言われるほど、良樹がかわいそうになり、逆に良樹の味方をしたくなってしまったんです。これじゃあ、今までの良樹をつらい目にあわせてきた人たちと同じではないか、と。せめて、私だけはわかってあげなきゃ、と。言葉には出しませんでしたが、友達に反論したい気持ちでいっぱいになりました。でも、みんな、口をそろえて『別れなきゃだめだよ』って言うし、私もこれ以上は耐えられないと思ったので、せめて、同棲はやめようと自分でも心の中で強く誓いました」

その日、帰宅してから、由美はあらん限りの勇気をふりしぼって「お互いのために、しばらく一緒に暮らすのはやめたほうがいいと思うの」と言った。「出ていって」とは言えなかった。「別れよう」とも言えなかった。精一杯、言葉をやわらげて伝えたのだ。だが、寂しげな顔をした良樹の一言が、由美の心にグサリと突き刺さった。

『そうか、そうやってお前もオレを見捨てるんだな』

この言葉を聞いて、由美は心が張り裂けんばかりだった。罪悪感が怒涛のように押し寄せた。自分ほどひどい人間は、この世に誰一人としていないように思えた。もう、さっきまでの決心などはすっかりどこかに行ってしまっていた。由美は謝った。「そんなつもりじゃなかったの」。そして、あげくの果てには、「お願いだからずっと一緒にいて」とまで懇願した。

その晩は二人に久しぶりの平和が訪れた。こんなやさしい良樹を見たのは、どのくらい前のことであろうか。良樹は言ってくれた。

『つらい思いさせてごめんな』

『明日から変わるよ』

『やっぱり、オレのことをわかってくれるのは由美だけだよ』

その言葉を聞いただけで、今までのつらい思いはすべて癒されていくようであった。明日から、再びまたあの幸せな日々が戻ってくるのだ！

しかし、良樹が変わったのは、ほんの一週間ほどのことだけであった。

例の「わがまま」がまた始まり、相変わらず小遣いもせびってきた。夜に帰ってこないことが、前にも増して多くなっていった。アルバイトもまったくしなくなった。気がつけば、元通りどころか、さらに悪くなっていたのである。

そして、堂々と「他にも好きな女がいる」と公言するようになった。ただし、「それでも一番好きなのは由美だ」という言葉も忘れなかったのだが。

夜帰ってこないことが一週間に一、二度だったのが、三日に一度、二日に一度となっていった。そのうち、帰ってくる日のほうが少なくなった。しかし、確かに帰ってくるし、荷物もまだそこにあった。帰ってくると、決まって小遣いをせびり、由美を抱いた。

もう何が何だかわからなくなっていた。良樹が帰ってくることを望んでいるのか、恐れているのか。自分たちは恋人同士なのか、そうではないのか。自分は愛されているのか、利用されているだけなのか。良樹は友達の言う通り「最低のヤツ」なのか、それとも本当はやさしくていい人間なのか。

そもそも、自分は良樹と別れたがっているのか、そうではないのか……？

それらすべてが不透明なガラスの向こうにあり、ぼやけてしまっていた。いや、むしろぼやけたままにしておきたかったのであろう。現実を直視すること、良樹の本当の姿を見ることは、あまりにつらいのだ。だから、良樹が帰ってきても、何も言えなかった。適当な世間話ばかりして、かんじんな点、自分との関係を本当はどう思っているのか、自分を利用しているだけではないのか、貸したお金はちゃんと返してくれるのか、にはまったく触れなかった。友達に促されて、時に思い出したように別れ話を切り出してみるが、結果はいつも同じだった。良樹は謝り、変わることを誓う。由美への愛をこれでもかと口にする。由美は許し、良樹が変わることを期待する（といっても、時が経ち何度もその期待が裏切られるにつれ、「今度こそは変わってくれるだろう」というより、九九パーセントのあきらめの中、一パーセントを神に祈るような気持ちになっていった）。一時だけは、幸せが訪れる。しかし、またすぐに元通りに……。

気がつけば、こんな状態がもう四カ月以上も続いているのだった。

恋愛依存症者の歪んだ愛

由美は「恋愛依存症（Love Addiction）」の典型的なケースである。なかでも特に「共依存（Co-Dependency）」の兆候を如実に示している。

ここでは由美のケースを例として、恋愛依存症の特徴について考えてみたい。

「愛＝苦しみ」になっている

幸福には客観的な基準がない。どんな状態におかれようと、本人が幸福だと思えば、その人は幸福なのである。だから、我々他者が由美の恋愛を一概に不幸なものと決めつけることはできない。

しかしながら、たとえ由美自身が今の状況をどうとらえていようとも、良樹との関係が由美を苦しめていることに間違いはない。本人も「つらい」「苦しい」という言葉を連発しているし、よく眠れない、暗い気分でいることが多くなった、何をするにも疲労感を感じるというように、典型的な「うつ」の症状も示している。

そう、由美にとって、今は良樹への愛こそが、あらゆる苦痛をもたらす元凶になっているのである。

恋愛依存症者にとって、愛はドラッグと同じようなものである。そのドラッグは初めのうちだけは人をいい気分にさせてくれる。しかし、そのドラッグは徐々に心や体を蝕《むしば》み始める。ある時点を過ぎると、「ドラッグをやる喜び」から「ドラッグをやるがゆえの苦しみ」に変わるのである。ドラッグをやめないからこそ、余計に苦しくなっていくのだ。そして、ドラッグをやる苦しみから抜け出そうとして、またドラッグに手を伸ばすのである。

「抜け出したいVS抜けられない」の泥沼にはまっている

由美の深層心理をのぞきこむことができるなら、本当のところ、由美は良樹との関係を終わらせたいと思っているのだろうか、それとも終わらせたくないと思っているのだろうか？　その答えはＹｅｓでもありＮｏでもある。

日常生活で、ストレスやフラストレーションを感じた時、心の中では二つの相反する感情が生起していることが多い。たとえば、大嫌いな上司がいたとする。あなたは反抗したい、やっつけてやりたいという怒りの感情を上司に対して持つと同時に、もしそんなことをしたら会社を辞めなければならない、一生出世をあきらめなければならないという恐れの感情も持つであろう。その結果、時には酒の席で嫌みなどを言って怒りをぶつけつつも、時にはおべっかや愛想をふりまくというどちらにもつかない行動をとることになる。

このような心の葛藤を「コンフリクト（conflict）」と呼ぶ。「どうしたらいいかわからない」「どうにかしたいが、どうにもできない」というストレスに悩まされている時は、このコンフリクトの狭間で心が苦しんでいる。結婚すべきどうか、転職すべきかどうかなど、選択を迫られる人生の重大な局面では必ずこのコンフリクトが発生するために、大きなストレスが生じるのである。

コンフリクトには三種類ある。

二つの好ましい対象を前にして、どちらか一つを選択しなければならない時、これを「接近―接近コンフリクト」と呼ぶ。フレンチもイタリアンもどちらも食べたいという場合、好きな人が二人いてどちらとつきあうか迷っているような場合があてはまる。

逆に、二つの望ましくない対象を前にして、どちらか一つを選択しなければならない時が「回避―回避コンフリクト」である。ゆっくり眠りたいと思っていたのに、親から「洗濯か、掃除のどちらかをしろ」と言われたような場合である。

最後は、一つの対象が好ましい要素（プラスの要素）も好ましくない要素（マイナスの要素）も同時に持っている時、「接近—回避コンフリクト」となる。「怖いもの見たさ」という言葉があるように、「近づきたい、でも近づきたくない」という心理だ。

由美はこの「接近—回避コンフリクト」に陥っている。良樹との関係は苦痛（マイナスの要素）をもたらすがゆえに抜け出したいと思うのと同時に、何らかのプラスの要素（良樹に対してまだ少しでも残っている愛情であったり、過去の楽しい思い出であったりする）があるために抜け出せないのだ。心や体がまっ二つに引き裂かれているようなものである。自分の中にあるAという人格が「抜け出したほうがいい、抜け出さなきゃダメだ！」と関係を終わらせようとするのと同時に、Bという人格が「抜け出してはダメ、とどまりなさい！」と命令を出しているのだ。本人にとってはかなり苦しい状態である。まさに泥沼という言葉がふさわしい。恋愛依存症者は、必ずといっていいほどこの「接近—回避コンフリクト」に陥っている。

「認知システム」が歪んでいる

由美のケースについて、良樹に対する怒りと同時に、「なんでこんな状態に黙って耐えているのか。なんて愚かな人間なんだ！」と由美自身に対してもある種の憤りを覚えた方も少なくないと思う。そのような方なら、「私だったら良樹の顔をひっぱたいて、荷物を全部外に放り出してやる！」と考えることだろう。

それができる方にはまったく理解できないかもしれないが、世の中には相手からどんなに虐《しいた》げられても、いや虐げられればられるほど、それを黙って受け入れてしまう人が少なくないのだ。

由美に対する良樹の行動は、まぎれもない虐待である。精神的、身体的、経済的虐待である。由美はその虐待をただただ甘受《かんじゅ》するばかりで、逃避も反抗もしようとしない。同時に、そんな虐待もいつか終わりを告げると考えているのも特徴だ。

深層心理を探ると、まず、由美は良樹が「変わりうる」と考えている。そして、自分こそが良樹を変身させることができると考えている。

「他の人では無理かもしれないが、私ならできる」「私の努力しだいできっとどうにかなるだろう」と。

いずれにせよ、「いつか何かが変わってこの苦しい状況は終わりを告げる」ことになっているのである。しかし、その根拠はほとんどなく、希望的観測でしかない。「明日は絶対に晴れるよ。だって、ボク、遠足に行きたいんだもん」と子どもが言っているのと同じである。

これら「虐待の甘受」と「変化への期待」の二点は、恋愛依存症の一つのタイプである共依存の大きな特徴であり、逆に言えば、恋愛依存症の他のタイプとは異なるところでもある。しかしながら、「妄想的（delusive）」という点では恋愛依存症すべてに共通しているものである。「妄想（delusion）」とは事実に即さない誤った信念のことであり、「非現実的（unrealistic）」と言い換えてもいいだろう。また、もう少し専門的な言葉を使うと、「認知システム（cognitive system）が歪んでいる」という言い方もできる。「認知（cognition）」とは耳慣れない言葉かもしれないが、心理学では知覚や思考、記憶といった人間の知的作用一般を指すもので、ここでは「ものに対する見方、とらえ方、考え方」と簡単に考えておけばよい。

いずれにせよ、恋愛依存症者は、妄想的・非現実的であり、認知システムが歪んでいるのである。しかも、「恋をするとまわりが見えなくなる」という言葉ではやさしすぎるくらいの程度である。

まず、由美のケースでいうと、客観的にはどう考えても「虐待されている」（少なくとも一方的に利用されている）のにもかかわらず、由美の頭がはじき出す結論は「虐待されていない」というものだ。虐待に関する事実をいくら由美の目の前に積み上げても、また由美自身がいくら身をもってそれを経験しても、虐待という結論は出てこないのだ。認知システムが歪んでいるからである。さしたる証拠もないのに「良樹は変わる」と強く信じていることも同じである。

恋愛依存症者の認知システムの歪みをうまくあらわす言葉として、「バラ色のメガネ（Rose-colored Glasses)」というものがある。日本でいえば「アバタもエクボ」というところかもしれないが、恋愛依存症ではそれが恐ろしいくらいに極端になる。バラ色のメガネをかけているために（また自分でそれに気づかないために）、何もかも（他者から見てどんなにひどいことであっても）が素晴らしく、美しく見えてしまうのだ。たとえば、

〈事実〉↓〈恋愛依存症者の解釈〉
・一方的に殴られた↓「私のためを思って叱ってくれたんだ」
・浮気が発覚した↓「浮気したって、本当に好きなのは私のことだけだ。むしろこれで、私のよさが余計にわかったはず」
・嘘をついていたことが発覚した↓「私を傷つけまいとして、あえて嘘をついてくれたんだ」
・まったく愛情を与えてくれない↓「愛し方を知らないだけ。本当は私のことを愛している。そのうち徐々に……」
・働かない、借金だらけ↓「なんで世間はこの人の才能に気づかないのかしら？ こんなに才能がある人なのに……。そのうちチャンスが訪れて、きっと成功するはずだわ」

このように、恋愛依存症者は、現実の相手ではなく、理想化された妄想の中で生きている仮

想の相手と恋愛をしている。事実はどうでもよい。何かのきっかけでスイッチがオンになると、後は自分の頭の中で作りあげられたストーリーが進行していくのである。

もちろん、どんな恋愛にも妄想はつきものであり、そもそもある種の妄想がなければ恋愛そのものが始まらないだろう。しかしながら、その妄想は現実・事実とつき合わされて、訂正や修正がなされていくものである。一方、恋愛依存症では、妄想にどっぷり浸かりすぎて、あらゆる現実や事実が歪められてしまうのである。

「強迫的」である

由美は学生であり、一日およそ六時間の授業を学校で受けている。通学や休憩時間なども含めれば、八時間は学校にいるのである。実習の宿題をやるために、遅くまで残っていることも多い。また、週に三日の居酒屋のアルバイトでは、帰るのは終電車ぎりぎりである。そう、由美が家にいる時間というのは実はそれほどではないのである。

また、前述した通り、良樹が家に来るのも最近ではごくわずかである。良樹と実際に顔を合わせている時間など、一週間のうち、二四時間もない。

しかしながら、今やどこにいても、何をしていても良樹のことは由美の心をとらえて離さない。実際に顔を合わせているかどうかは関係がない。いつでも頭の中は良樹のことでいっぱいなのである。

「別れたほうがいいのだろうか？　どうすれば別れられるのだろうか？　良樹を変える方法はないだろうか？　良樹は自分のことをどう思っているのだろう？　次はいつ来るんだろう……」、こうした思考がいつでも頭の中を堂々めぐりしている。確かに何か他のことをしていれば一時的には気がまぎれる。デザインの勉強も、友人との遊びも楽しい。アルバイトも、大変だが、勉強になることがたくさんある。しかしそれらは、もはや生活の周辺に存在するものであって、中心ではない。

友人と食事をしていても、良樹の話題が出てくるのが怖くて、どこか警戒している自分がいる。カラオケでラブソングを歌いながら思い出すのは、もちろん良樹のことだ。アルバイトでも、「この日は良樹が来そうだから」と考えながらスケジュールを調整してしまう。

今や、由美の生活はすべて良樹を中心に回っている。そうしようと思ったわけでも、良樹がわざとそうしているわけでもない。だが、心理的にはもはやどこにも逃げ場はない。由美は愛に取り憑かれてしまっているのである。

このように、自分ではコントロールがきかず、何かあることを考えずにはいられない、また、何かをせずにはいられない状態のことを、心理学では「強迫的（obsessive, もしくは compulsive)」であるという。

たとえば、頭では「九九パーセント大丈夫だ」とわかっているのに、鍵をかけ忘れたのではないか、電気を消し忘れたのではないか、ガスの元栓を閉め忘れたのではないかと残り一パーセントが気になってわざわざ家に引き返した経験は誰にでもあるだろう。いわゆる「潔癖性」も同じであり、たとえば電車の吊革やスーパーにおいてある牛乳パックを触っただけで「バイ菌に侵された」という思考が頭にこびりついて、それこそ何十回何百回と手を洗わずにいられないのである。また、小さい頃のトラウマ、親や先生にひどく叱られた、事故にあった、身近な者の死などをことあるごとに思い出してしまう人もいるだろう。

払いのけようとしても払いのけられない考えを特に「強迫観念（obsessional ideas）」、どうしてもせずにはいられない行為を特に「強迫行為（compulsive behavior）」と呼ぶ。

恋愛依存症の愛というのは、まさにこの強迫的であることが最大のポイントである。恋愛、ロマンス、セックスばかりが四六時中頭を駆けめぐり、行動も含めた生活全般すべてがそれらを中心に回っていくようになるのである。

ぐるぐると輪を描いて回っている

由美と良樹の行動は、まるでコンピュータにプログラムされたかのように、同じことの繰り返しである。由美に対する良樹の行動がひどくなる↓由美は耐えがたくなる↓別れをほのめかす↓良樹は一時的に改心する↓しばらく経つと由美に対する良樹の行動がまたひどくなり……とのパターンが見いだせる。

誰にでも、ある一定の恋愛パターン（どのような人を好きになり、どのようなきっかけでつきあうようになり、どのようなつきあい方をし、どのような別れ方をするかといった愛のプロセスにおける一定の法則）が存在するものだが、恋愛依存症者では、そのパターンが特に固定的である。はたから見ると「またか！」「なんでこんなに同じことばかりを？」と驚くばかりだ。しかも、本人だけがその同じことの繰り返しに気づいていない場合が多いのである。

恋愛依存症の愛では、ぐるぐる、ぐるぐると同じことばかりが繰り返されている。その輪はらせんを描いて上にのぼっていく（状態がよくなっていく、一歩一歩お互いの愛が深まっていく）のではなく、メビウスの輪のようにどこまでいっても始点にまた戻ってきてしまうか、むしろらせんを描いてより悪い方向へと下がっていくことも多いのである。

「外の世界」と闘っている

「外の世界」とは、由美と良樹をとりまく世界のことである。恋愛の場合、親・兄弟などの身近な人や、友達が外の世界を構成する主な人々となる（不倫などの場合は、身近な人だけでなく法律といったものも含めて社会全般が関わってくる）。

恋愛が発展するにつれ、「私とあなた」の閉じた内なる世界が作られていき、外の世界との境界線がより強固になる。その場合、外の世界と内の世界がうまく融和していれば境界線はより緩やかなものになるが（たとえば、周囲が「公認」しているカップルであれば、周囲に対抗するような境界線を無理に引く必要はないだろう）、融和していない場合は、その境界線をより強固にし、内の世界を「外敵」から必死に守ろうとする力が働く。

由美の場合も同じだ。友人から「最低なヤツ」「別れなよ」など良樹のことを悪く言われると、必死で反論・抵抗したい欲求に駆られてしまうのがそれである。もちろん友人は由美に意地悪をしようと思っているわけではなく、由美のためを思ってのことだ。また、由美自身も十分すぎるほどそれをわかっているし、感謝もしている。しかし、同時に、どうしても「自分と良樹の世界」を守ろうとしてしまうのである。

恋愛依存症の愛というのは、ほとんどの場合において、当事者以外からは「やめたほうがいい」と思われるものである。だが、周囲から禁止されればされるほど、ますますそれが魅力的になっていくという心理が人にはある。たとえば、子どもに「このおもちゃ以外だったら、どれで遊んでもいいよ」と一つのおもちゃだけ禁止すると、そのおもちゃに対する魅力度が上昇することが実験から確かめられている。

こうして恋愛依存症者と外の世界を隔てる壁はますます高くなる。しだいに壁の内側に閉じこもるようになり、友人たちとも疎遠になる。もしくは、恋愛に関する話題そのものを避けたり、つらさを隠してポジティブな面だけを話すようにしたり、真っ赤な嘘をつくようになったりして、仮面をつけて周囲と接するようになるのである。恋愛依存症者は、外の世界と闘うことを運命づけられているのだ。

恋愛依存症の四タイプ

由美のケースを例として恋愛依存症の特徴を浮かびあがらせてみたが、恋愛依存症という言葉が広まっていったのは、一九七五年にスタントン・ピールとアーチー・ブロドスキーが『Love and Addiction』というタイトルの本を著して以来であるといわれる。彼らはあるタイプの恋愛は依存症の一形態として認められうること、また特に深刻なケースでは、そのような恋愛が依存性のある薬物の使用よりも時には大きな危険をはらんでいることを示唆したのである。

しかしながら、恋愛依存症の定義や用語使用については、いまだに明確でなく、統一されていないのが現状である。欧米では「Love Addiction」という言葉は学術的研究や書籍・雑誌記事などで頻繁に用いられるものの（また、一般の人でも少なくともイメージとしては理解できるレベルになっているものの)、たとえばアルコール依存症や薬物依存症ほど明確な診断が下されるものではない。それは買い物依存症と同じように、近年になって初めて「そのようなものが存在する」と認められてきたこと、またアルコールやドラッグのようにはっきりと目に見える・体で感じられる形で症状があらわれてこないこと(実はこれが逆にやっかいな点でもあるのだが)などが一因になっているのだろう。まだまだ「専門的な基準はないが……」という但し書きがつけられることが多い段階であるように思われる。

たとえば、依存症を、①物質依存症(Substance Addiction:アルコール、ドラッグ、食物などの「物質」に依存する)、②行為過程依存症(Process Addiction:ギャンブルや買い物などある特定の行為を行う「プロセス」そのものに依存する)、③関係依存症(Relationship Addiction:共依存症とも呼ばれ、「人間関係」に依存する)の三つに分け、この三番目の「関係依存症」と「恋愛依存症」をイコールで結びつける向きもある。しかし、そのような分類・定義をしない研究者もまた数多くいるのである。

本書では、①共依存、②回避依存、③ロマンス依存、④セックス依存をまとめた形で恋愛依存症という言葉を用いることにする。

恋愛依存症を上位概念とし、そこに含まれる下位概念として四つのタイプを位置づけるのである。マーチンという研究者も同様の位置づけを行っているが(ただし、マーチンは回避依存は恋愛依存症の中に含めていない)、こうした位置づけの仕方が必ずしも研究者間で一致しているわけではないことをお断りしておく。

また、四つのタイプについては、あなたがこれまで持っていた恋愛依存症に対するイメージとぴったり一致するものもあれば、そうでないものもあるだろう。だが、各タイプの行動的特徴、行動の裏にある深層心理には、多少の、時には大きな差異があるものの、「愛に取り憑かれている」という大きな共通点が存在するのである。

依存症＝「何か」に取り憑かれた人々

次章より各タイプ別に恋愛依存症を詳しく見ていくわけであるが、その前に「取り憑かれている」ということについてもう少し詳しく述べておきたい。それはすなわち、「依存症」とはどういうことかについてに他ならない。

いきなりの質問になるが、あなたは何に「依存」して生きているのだろうか？　目を閉じてしばし考えていただきたい。

依存というと、アルコール依存や薬物依存がイメージされたり、また、「何かに頼らなければならないほど弱い・みじめな状態」というイメージが一部にあることは確かだろう。だがら、依存という言葉にはどこかネガティブなニュアンスがあり、ひょっとしたらあなたは「何を失礼な、私は何に対しても依存などしていない！」と憤りを覚えたかもしれない。しかし、果たしてそうだろうか？

では、言い方をこのように変えてみたらどうだろうか。あなたが「生きるよすが」としているものは何だろうか？「これがなければ生きていけない」と考えているもの、もしくは、「これこそが人生で一番の楽しみだ」と考えているものは何だろうか？「これを手に入れる（実現する）ことこそ人生の目標だ」と考えているものでもよい。今度は先ほどより答えを見つけるのが容易になったはずである。

私はよくこれらの質問を出会った人たちにぶつけてみるのだが、実にさまざまな答えが返ってくるものである。ごく一部だが、挙げてみると、

家族、娘、息子、恋人、お金、酒、セックス、仕事、音楽、食べること、競馬、昇進、サッカー、野球、ファッション、本、ゲーム、恋、カメラ、学問、パチンコ、ダンス、犬、猫、釣り、健康、コンピュータ、美しくなること、植物、有名になること……etc.

私たち一人ひとりには、必ず何らかの「なくてはならないもの」が存在する。もちろん、それは食料といった生理的な意味ではなく、心理的な意味でだ。

たとえば、マスローという心理学者は、人間の持つ欲求は階層をなしており、低い階層の欲

求が満たされると順次、上の階層にある欲求へと進んでいくという「欲求の階層説」を唱えている。

その階層とは、まず、「生理的欲求」↓「安全欲求」（身の安全の保障）という二つの基本的・生物的な欲求があり、その後、自分を受け容れてくれる人や集団が欲しくなるという「所属・愛情への欲求」↓他の人に自分を認めてほしい、他の人から高く評価されたい・尊敬されたいという「承認・自尊への欲求」↓自分自身をより向上させたい、自分の力を発揮させたい、あるべき理想の姿に近づきたいといった「自己実現欲求」である。

つまり、単に動物として生きながらえるだけということであれば、とりあえずの食料と安全が保証されているだけでよい。だが、人間は（少なくとも必要最低限のものは手に入れてしまった多くの人は）それだけで生きることはできない。ただ単に「生きている」という状態ではなく、「充実して生きている」状態を求めるのである。そのためには、必要最低限のもの以外の「何か」が必要なのだ。生きている意味、生きていることの素晴らしさを実感させてくれる「何か」が……。

「誰でも必ず『何か』に依存して生きている」と私が言っているのはそのような意味なのである。

問題は、その依存の対象、あなたにとっての「なくてはならないもの」が何であるかということだ。そして、依存の程度がどのくらいかということだ。

別の言い方をすれば、もし「それ」がなくなった場合（手に入らない場合、実現しない場合、できない場合）、あなたがどれくらい身体的・精神的に耐えられるかということである。

依存症とは、依存の対象が社会的に認められないものであったり、あなたの健康や精神、社会生活を蝕むものであること、また、それなしで生きていく力が極端に低くなり、あなたに何らかの害を及ぼすようになることなのである。「何かに依存している」ということと、「依存症に陥っている」ということの違いがそこにある。

毎日の晩酌が楽しみで、一杯のお酒が一日の仕事の疲れを癒してくれ、明日への活力源となる。逆に晩酌ができないと、一日のすべての楽しみが奪われたようで、がっくりと肩を落としてしまう……これなら、確かに酒に依存しているとはいえるが、依存症ではない。だが、もはや楽しみどころではなく、酒なしではいてもたってもいられない、考えることといえば酒のことだけ、心も体もぼろぼろになっているのにそれでも酒がやめられないというのであれば、それは依存症というしかないのである（1）。

依存症といえば、アルコール依存症の他にも、薬物・ギャンブル・買い物・仕事・ＩＴ（コンピュータやインターネット）依存症などその対象はさまざまである。しかし、お気づきのように、薬物を除けば、我々の誰もが多かれ少なかれ日常的に行っていることばかりである。だが、ほとんどの人は依存症ではない。アルコールだけ、ギャンブルだけ、買い物だけ、仕事だけがすべての生活の中心になってしまっている、それに取り憑かれている状態が依存症なのである。

恋愛依存症もこれとまったく同じように考えることができる。ただ、依存の対象が愛にまつわるもの、恋愛、ロマンス、恋人、セックスになったというだけのことなのだ。そう、恋愛依存症の人にとっての愛というのは、言葉は悪いかもしれないが、薬物依存症者にとってのドラッグと同じなのである。

ドラッグは所持しているだけで即逮捕につながる。一方、愛は社会的・文化的にとろけるような甘さの砂糖で表面をコーティングされている。しかし、結果的にどんなに自分を苦しめることになろうとも、その愛から手をはなせなくなっている、それなしでは生きていけないという状態になっているとすれば、恋愛依存症と他のさまざまな依存症はまったく同じなのだ。愛という名のドラッグは、それほど恐ろしい力を持っているのである。

さまざまな誤解

本章の最後に、恋愛依存症についてよくなされる誤解について簡単に触れておきたいと思う。私が恋愛依存症をテーマとした講義や講演・セミナーを行う時によくなされる質問、および相談者から実際に受ける質問から私が経験的に感じている点である。

恋愛依存症の特徴は「回数」である？

恋愛依存症という言葉から、「いつでも恋していないといられない、恋多き遊び人。浮気や複数恋愛も茶飯事で、今まで関係を持った相手は数十人にものぼる」というイメージを想像する人が一般的に多いようだ。もしくは、「遊び人」という響きからくるどちらかというと華麗なイメージではなく、「つきあうがすぐにふられてしまい、次の人、次の人へと渡り歩く」とか「派手な遊び人タイプにばかり惹かれてしまい、結局いいようにもてあそばれて、捨てられて、そして次もまた……」という非常に暗いイメージを口にする人もある。しかし、どちらのイメージにせよ、共通しているのが「数」を問題にしていることである。

これはたとえば、アルコール依存症といえば毎日毎日飲酒する、買い物依存症といえば毎日のように買い物をするというイメージが浮かんでくることと同じ（もしくはそこからきている）といえよう。依存症という言葉には「頻繁に」「数限りなく」「際限なく」というイメージがあるようだ。だから恋愛依存症というと、どのような形であれ「相手をとっかえひっかえする」ことが真っ先に頭に浮かぶのかもしれない。

だが、「数が多い」のは恋愛依存症の特徴の一つであって、すべてではない。確かに恋愛依存症のタイプによっては「数」がもっとも大きな手がかりになるのだが（たとえばセックス依存）、数はまったく関係のない恋愛依存症のタイプもある（たとえば共依存）。すなわち、ただの一度しか恋をしたことがないという人であっても、その一度きりの恋で恋愛依存症に陥ってしまうことがあるのだ。

由美のケースを思い出していただけるといいだろう。彼女の恋愛経験は良樹を入れても二度しかない。しかし、その二度目の恋はまぎれもなく恋愛依存症の特徴を如実に示しているのである。

恋愛依存症は「ごく一部の人」の「特別な病気」である？

恋愛依存症に対しては多くの方が関心を持つようだが、「へえー、そんな人がいるんだ」「信じられない！」との形で興味を引かれる方も少なくないようである。つまり、自分のまったく知り得ない世界への好奇心、言葉は悪いが珍しい生き物への好奇心のようなものである。

だが、そこが落とし穴になることもある。ドラッグという言葉には、自然に拒否反応が出やすい。しかしながら、愛という言葉に対しては拒否反応どころか、惹きつけられるのが普通である。よって、その分、愛は巧妙な形で私たちの心や体の中に染みこんできやすい。愛という形に化けただけの、毒であることもある。その点で、特に恋愛至上主義のこの世の中にあっては、私たちの誰もがいつでも、どこでも、どんな相手であっても、簡単に恋愛依存症に陥る危険性をはらんでいるのである。恋愛依存症を「ごく一部の人」の「特別な病気」と思っている人ほど、実はその落とし穴にはまる危険を秘めている。

たとえば、あなたは以下の質問すべてにはっきり「Ｎｏ！」と答えることができるだろうか。

□「あの人がいなければ私は何もできない」と思ったことがある。
□「あの人なしでは、私は生きていけない」と思ったことがある。
□寂しさのあまり、つい好きでもない人とデートをしたり、関係を持ってしまったことがある。
□「私の力であの人を変えてみせる！」と思ったことがある。
□多くの友人から「別れたほうがいいよ」と言われているのに、どうしても別れられない。
□彼（彼女）の愛が手に入らないなら、何か思いきったことをしてやろうと思った（または、実際にした、そうすると脅した）ことがある。
□友人に「あなたの彼（彼女）ってひどい人ね」と言われたくないがために、彼（彼女）の話題が出るのを必死で避けようとしたり、彼（彼女）のために必死で弁解していることがある。

□セックスをしている瞬間だけが、愛を感じられる時である。
□自分が追いかけるのはいいが、追いかけてくる相手にはまったく魅力を感じない。
□あっという間に恋に陥るが、冷めるのもまたあっという間である。
□特定の人もしくは誰からでもいいから「愛されている」という感じが持てないと、自分の存在価値がすべて消え去っていくように感じる。
□「別れる、別れない」で三カ月以上ももめている。
□尽くすのはいつも自分であって、本当のところ、それに見合った愛は相手から得られていないと思う。
□自分の人生を素晴らしいものに変えてくれる誰かが、いつかきっとあらわれると思う。
□誰かに恋をすると、それが生活のすべてになって、他のことはどうでもよくなってしまう。
□自分さえ我慢すれば、この愛はきっとうまくいくと思う。
□愛すれば愛するほど、同時に憎しみも大きくなっていくことが多い。
□「ケンカ→セックス→仲直り」というパターンが多い。
□誰かから必要とされればされるほど、生きがいを感じられる。
□セックスの後、罪悪感に悩まされることが多い。
□自分は欠点ばかりの人間だが、彼（彼女）といる時だけはそれを忘れられる。

□セックスの後、途端に相手の存在を煩《わずら》わしく感じるようになる。
□恋愛が三カ月以上続いた試しがない。
□「なんで私ばっかりこんなに苦労しなければいけないのか?」と一人で嘆くことが多い。

恋愛依存症に陥っている人のさまざまな特徴を列挙してみた。各々の項目の意味は、本書を読み進めていくうちに次々と明らかになってくることだろう。

五つ以上あてはまる項目があるようならば、恋愛依存症である傾向（または恋愛依存症に陥る潜在的傾向）はかなり強く、三つ以上であればその傾向はやや強いといえるであろう。もちろん、これは大まかな目安であって、一般的な恋愛やセックスという面で見ても程度の差こそあれ、多くの人にあてはまりやすい項目があることは承知している。よって、ここでは、詳しい解説に入っていく前に、こうした傾向に対する自分自身の恋愛やセックスを今一度振り返るための一つの目安と思っていただければよい。ただし、すべての質問に「Ｎｏ」というのではない限り、あなたにも恋愛依存症に陥る危険性が十分にあるのだと考えておこう。

恋愛依存症は「私たちの誰もが陥る」可能性のある、「ごくごく一般的な病気」なのである(2)。

恋愛依存症など別に「大した問題」ではない？

アルコール依存症や薬物依存症が死につながること、買い物依存症やギャンブル依存症が破産につながることなど、依存症が本人や周囲の人物に大きなダメージを与えることはすぐにおわかりいただけるのだが、恋愛依存症は少し違ったイメージでとらえられることが多い。

すなわち、依存症といっても、愛という言葉が頭についているために、どこかロマンチックで魅力的な感じがするのである。「私はアルコール依存症で苦しんでいるんです」と言われた場合と、「私は恋愛依存症で苦しんでいるんです」と言われた場合とを想像してみればよい。

そのせいか、恋愛依存症を「語る」ほうも、「語られる」ほうも他の依存症に比べるとどこか深刻度は今一つとの感がする場合が少なくない。最近、雑誌記事等でも恋愛依存症という言葉を見かけるようになったせいか、「私、恋愛依存症なんです」と自ら進んで公言する人もいるが、その背後にどこかナルシシズムが見え隠れしている場合もある。ひょっとしたら、そのうち、「恋多き女（男）」「遊び人」と言う代わりに、恋愛依存症という言葉が使われるようになる時代がくるかもしれない。

しかしながら、実際のところ、恋愛依存症は非常に深刻な病気である。

まず、「クロス・アディクション（3）」の問題が挙げられ、恋愛依存症の人はアルコールやドラッグ、食物など他の依存症も同時に患っている場合が多い。因果関係はいろいろあるが、たとえば、愛の苦しみから逃れるためにアルコールやドラッグに走るようになり、やがては依存症へとのパターンは容易に想像がつくだろう（逆に、他の依存症に陥りやすい人は恋愛依存症になりやすい、他の依存症に陥っているがゆえに恋愛依存症に陥りやすいということもいえる）。

第二は、恋愛依存症は人間関係そのものの病だともいえることである。恋愛依存症に陥りやすい人は、恋愛関係だけでなく、その他の人間関係でも苦労することが多い。他者と「適度な距離」を保つことが難しいのである。

たとえば、無理をしてまで他人に合わせてしまったり、理不尽な頼み事にもノーと言えなかったり、逆にすぐに怒りや欲求不満を相手にぶつけてしまい波乱を巻き起こすということもある。よって、心地よい関係を長期にわたって続けていくことが難しいのである。家族、友人、仕事など私たちの生活の大半は人間関係で成り立っているのだから、人間関係全般で苦労するということは、生きていく上で非常に苦しいことであろう。

第三は相手の要因である。信じられないことに、恋愛依存症に陥っている人の多くは、恋人や配偶者からどんなに虐げられていようとも決して相手のもとを去ろうとしない。言葉による暴力や浮気をする、愛情をこれっぽっちも相手に示さないといった精神的虐待だけでなく、実際に身体的な暴力をひどくふるわれたり、経済的な搾取（稼いだお金をすべて相手の生活費や遊び代に取られる、相手の借金の肩代わりをするなど）を受けてもである。特に女性に多く、「被虐待女性症候群（Battered Woman Syndrome）」と呼ばれるが、彼女たちは、大げさではなく死に近くなるほどの暴力を受けている状況の中、やっとのことで脱出しても、しばらくすると自分からまた戻ってしまうのである。

また、相手のために自分の体を犠牲にしてまで働く（過酷な労働や風俗関係など）ということもある。他にも恋愛関係によるもつれ（たとえば複数の相手と同時につきあっている、不倫をしているなど）から人間関係や金銭、仕事上のトラブル、社会的地位の喪失までさまざまな影響が出てくる。セックス依存症であれば、性病になる危険性も大きい。そのような意味では、恋愛依存症は他の依存症と同じく、身体的にも、社会・経済的にもさまざまなダメージをもたらしうる。恋愛という言葉の響きが持つ魔力に騙されてはならないのである。

※注

（1）「その何かがないと、もしくは、その何かができないと精神的・身体的に耐えられない状態」は専門的には「アディクション（Addiction）」と呼ばれ、「嗜癖《しへき》」と訳されることもあるが、本書ではよりわかりやすい「依存症」という言葉を用いる。よって、本書においては依存症と嗜癖は同じ意味である。また、一般的にさらにわかりやすい「中毒」という言葉に置き換えていただいてもかまわない。たとえば、恋愛依存症＝恋愛中毒、セックス依存症＝セックス中毒という具合である。

ただし、より正確にいうと、「嗜癖」という概念は、軽い症状から重い症状まで幅広い意味で使われることが多く、それに比べると「依存症」は重い症状を指すことが多い。また、「中毒」は本人の意志とは無関係であったり、一回限りの摂取のみであらわれる症状でもある。この点で、たとえば、「(急性)アルコール中毒」と「アルコール依存症」は大きく異なる。アルコール依存症は、本人がアルコールに精神的に依存し、繰り返し摂取せずにはいられなくなる状態だからである。

(2)「病気」というレッテルを貼ることに異議や違和感を覚える方もいると思われるが、「病気である」と認めることから回復が始まると私は考えているのでこのような言い方をしている。それでも気になる方は、「症状」などという言葉に読み替えていただいてかまわない。

(3)「クロス・アディクション」とは、同時もしくは少し時期がずれて複数の依存症を患うことである。そうしたケースは決して珍しいものではない。たとえば、アルコール依存症が治りかけた途端に食物への依存が始まるといったことである。

第2章

共依存

——苦しい愛から抜け出せない人たち

ヒモ男との恋愛を繰り返す

〔ケース2〕博子（33歳 会社員）

博子はいわゆるキャリアウーマンで、若くしてある一流企業の広報課の課長を務めている。ビジネス上での完璧といえる敏腕さとは裏腹に、こと恋愛に関しては、どうしてもうまくいかない。周囲から見ても、「彼女ほどの人がなぜこんな相手と？」と疑問を持たざるを得ないような恋愛を繰り返しているのである。

たとえば、現在同棲中の恋人だ。話を聞く限りでは、彼というのは「酒とギャンブルに溺れるヒモ男」をそのまま絵に描いたような人物だ。彼女と同じ歳だが、どんな仕事をしても長続きせず、現在も失業中で（といっても自主的な失業状態であるが）、金銭的な面はすべて彼女が面倒を見ている。そもそも同棲と言っても決してロマンチックなものではなく、彼の貯金が底をついたため、彼女の部屋に無理やり転がりこんできたというほうが正しい。生活費の一切を彼女が支払うだけでなく、彼女にお小遣いをせびっては酒やギャンブルにつぎ込むという日々を送っている。

なぜ彼のような相手を選んだのか？

そう尋ねられると、「初めはそうじゃなかったのよ……」と言葉を濁す。酒好きな博子はよく一人でバーに行くのだが、そこで彼から声をかけられた。そんな「だらしないヒモ男」はビジネスマンらしくないおしゃれなスーツの着こなしだけでなく、穏やかで次々と甘い言葉を囁《ささや》いた。その晩のうちに関係を持った。デートを重ねるたびに、彼のやさしさに惹かれ、すぐに自分にとって、なくてはならない存在になった。

だが、彼がつけていた仮面はすぐにはがれていった。

「デザイン関係の仕事についている」のは真っ赤な嘘であったし（数年前にあるデザイン事務所でアルバイトをしていたのは事実だが）、「近いうちに何か『画期的なビジネス』を始めるために大きな額の貯金をしている」のも、「そのための優秀なビジネスパートナーを探している」のも、「経営者になるための勉強をしている」のも、すべて彼の夢物語にすぎなかった。

しかし、博子にとってはそれはどうでもよかった。そのような部分に惹かれたわけではないのだから。ただ、「やさしさ」だと思っていたのが、単なる「だらしなさ」や「依存心の強さ」であったと気づいた時にはショックだった。「今度こそは甘えることができる」と思ったからこそ彼に惹かれたはずなのに、気がついてみれば、甘えさせるのはすべて彼女の役割になっていたのである。

しかし、周囲からの、また自分自身の中でこだまする「別れたほうがいい」という言葉にはどうしても従うことができない。確かに彼は働かず、ただブラブラするだけで、しかも言うことだけは一人前、「世界を股《また》にかけるようなビジネスを始めたい」が口癖のヒモ男だ。それは認める。だけど、なぜか放っておけないし、たまに見せるやさしさは何ものにも代えがたい。それだけですべてを許す気になるのだ。

かといって、このまま続けるのもつらい。

友人には「ペットを飼っているようなものだと思えばいいわ」とつい格好をつけて強がっている。しかし、自分の心の中では、彼を愛しているという気持ち、でもこのまま続けるのはつらいという気持ち、かといって彼を見捨てることはできないという気持ち、彼が何かのきっかけで変わってくれるかもしれないという期待感、こうしたものが渦巻いて彼女のエネルギーを徐々にだが確実に奪い続けているのである。

思えば、こういう恋愛は今回が初めてではない。甘えさせてくれる、包みこんでくれるような男性だと思って恋愛関係に入る。だが、結局はいつも自分が甘えるのではなく、甘えさせるほうの存在になっており、それに疲れてやっとの思いで関係を解消する。そして、今度こそはと思って、やさしそうな男性に近づくとまた……これの繰り返しだ。もっと若い頃は精神的に男性を甘えさせるだけですんでいたが、彼女の地位が上がるにつれて、金銭面など実質的な面で甘えさせるようになってきているのかもしれない。

実をいえば、こうした「ヒモ男」はこれで三人目なのだ。

殴られても別れられない

〔ケース3〕百合（22歳 大学生）

百合はもう、新しい病院をネットで探すことにも、また病院に行くたびに新たな嘘を考えなければならないことにもほとほと疲れ果ててしまった。いっそ死ぬまで殴ってくれたほうが、よっぽどラクになれるかもしれない……。

彼女の体は、恋人から受ける暴力の数々で常に傷だらけになっている。

二年前からつきあっている彼氏というのは、「キレたら止まらない」タイプで、何か気に入らないことがあるたびに（彼女のささいな言動や行動が原因という場合もあるし、彼女にまったく関係がないことでイライラしていた場合もある）彼女を殴る、時には蹴るといったことまでする。

女性が相手ということで、彼なりに手かげんをしているのか、していないのかはわからないが、彼女の体にアザが残るほどひどいものだ。肋骨にヒビが入ったことも一度ある。必然的に病院通いをすることになるのだが、「彼に殴られました」とは言えないから、適当な嘘を考えなければならないし（「私、ボクシングをやっているんです」のような冗談みたいなことを言う時もあるという）、何度も通えば簡単に嘘はばれてしまうだろう。だから、病院を次々に代えていかなければならないのである。

彼は大学の同級生で、サークルを通して知り合った。サークル自体は彼女は一年で辞めてしまったのだが、その後も友人としてのつきあいは続いた。二人とも地方から出てきて一人暮らしをしており、気軽に電話をしたり、会うことのできる存在は貴重だったのだ。彼には高校時代からつきあっていた彼女がいたのだが、大学二年の時に別れ、それから百合と本格的につきあうことになった。

サークルというのも文化系だったし、背が高くてひょろっとして顔もおとなしめの外見だったので、まさか彼がそんなに暴力的だったとは夢にも思いはしなかった。実際、今でも普段は非常にやさしい人間なのである。寡黙だが、あれこれと気をつかってくれる。彼と初対面の友人からは「いい人そうだよね」と必ず言われる。

だが、ジキルとハイドよろしく、何かのきっかけで豹変するのだ。いったんそうなると、もう止まらない。後は嵐が過ぎ去るのをじっと待つしかない。百合は彼が殴る・蹴るのをひたすらじっと黙って甘受し、彼の気がおさまるのを待っているのだ。

一体なぜ別れないのか？

当然の疑問である。だが、百合から返ってくるのは「自分でもわからないんです。別れられないんです」、ただそれだけだ。別れたほうがいいと勧めようとしても、「できないんです」で終わってしまう。

百合のごく親しい友人は、このことを知っている。時々アザのようなものを見つけていた友人は、百合が何気なくもらした「昨日、彼に殴られちゃったんだ」の一言ですべてを悟った。別れなさいと言っても、まったく行動を起こさないことに業《ごう》を煮やした友人は、他の友人も集めて（また、その友人というのは百合が昔所属していたサークルで知り合った女の子で、彼のことをよく知っている）半ば強引に話し合いの場を作った。数人の女の子に囲まれた彼は圧倒されたのか、事実を認め（といっても「軽くこづいただけだ」のような言い訳をしていたが）、謝り、別れると約束した。

そして、実際に、一カ月ほどの間は、二人は会うことも電話することもせず、完全に別れたという状態になった。だが、キャンパスで帰りぎわに偶然出会い、一緒に居酒屋に出かけた時点ですべてが元の木阿弥であった。百合は再び彼のところに舞い戻り、相変わらず彼に暴力をふるわれ続けている。友人たちは完全にあきらめ、お互いに気まずい思いからか、友人たちとはそれ以来疎遠になってしまっている。

不幸な女性を幸せにしたい

〔ケース4〕健一（28歳 会社員）

銀行勤めをしている健一は、「僕こそカウンセラーになるべきだと思うんですよ」と冗談とも本気ともとれるような口調で言う。彼いわく「不幸な女性を幸せにしてあげようとがんばる」のが彼の恋愛パターンなのだ。それが成功するのなら、確かに素晴らしいことだろう。だが、結果はいつも「都合のいいように利用されて終わる」のだ。結局、相手は他の男のもとに去っていくのである。

たとえば、一年ほど前には、接待で行ったあるクラブのホステスと恋に落ちた。最初は外見的にタイプだったから通い始めたのだが、彼女の不幸な身の上話を聞くにつれ、「オレが彼女を救ってあげなければ」という使命感が燃えあがってきた。

歳を三つほどごまかしており、実は健一よりも年上であった彼女には、離婚歴があった。しかも、別れた夫というのが定職につかずいつもパチンコばかりしているような男で、夫が作った借金の一部さえ負担しなければならないという。その額は三〇〇万円。

「これぐらいなら何とかできる。金銭面だけではなく、彼女の心を癒してあげることも自分ならできる、いや、自分こそがそれをしなければならないのだ」

健一の情熱は燃えあがった。

初めのうちは彼女も喜んでいた。精神面でも金銭面でも惜しみないサポートを与えてくれる健一を「人生で出会った中で、いちばんやさしい男」と評していた。

「あなたに比べれば、別れた旦那は人間のクズだわ」とも言った。「あなたといるだけで、心が癒されるわ」とも言った。こうした言葉こそが、何よりも健一を喜ばせたのである。多大な労力や金銭も、この言葉一つで十分に報われたような気がした。

しかしながら、時が経つにつれ、健一が懸命に与える愛情も（そして金銭も）、「当たり前」のものになり、ありがたさが薄れていったようだった。

健一がもっとも欲していた感謝の言葉も、彼女が口にすることは徐々に減っていった。それどころか、何かにつけて「ああしたほうがいい、こうしたほうがいい」「オレが何とかするよ」と口出しをする健一を、彼女は重荷にさえ感じ始めているようだった。電話をかけても通じないことや、会おうと言っても「忙しいから」と断られることが多くなっていった。向こうから「会いたい」とメールが来るときは、必ず何か頼み事をされるのであった。

だが、健一自身も気づいていた。ああ、またいつものパターンじゃないか。

「かわいそうな女性をオレが見つける。一生懸命に尽くす。初めは彼女も感謝してくれる。そんな彼女を見て、オレも大満足だ。だけど、どういうわけか、だんだん彼女は感謝しなくなって、オレを避けるようなそぶりになっていく。それを見て、オレは彼女をつなぎとめようとして、もっともっとがんばる。ある日、彼女は『ごめん、健一はいい人すぎて、私にはもったいないから』みたいに言って去っていく。オレはわけがわからないし、利用されたという気持ちで彼女を恨む……」

大学生の頃、「失恋で自殺しそうなくらい落ちこんでいた」後輩の女の子とつきあった時もそうだった。社会人になってからの、「かわいそうな家庭環境で育った」同期の女性や、「慣れない仕事ばかりでやつれていた」新入社員の女性もそうだった。金銭的にも尽くしたのは今回が初めてだったが、これでもう四度目ではないか。

結局、彼女には現金だけでも一〇〇万円ほどは貢いだだろうか。ちょうどそれくらいのところで、彼女は健一よりもずっとはぶりがよさそうな実業家のもとへと去っていった。

「またもや裏切られた」という気持ちでいっぱいだ。もう女性は信用できないかもしれない。いや、そんなことを言っても、またこのパターンを繰り返すであろうことは自分でもわかっている。今回だって、実際、お金のことはどうでもいいのだ。ただ、彼女を不幸の泥沼から救ってあげ、そのことで心から感謝されたかった。ずっと感謝し続けてほしかった、ただそれだけなのに……。

本人だけが気づいていない

こうしたケースを目にすれば、誰もが次のように思うのではないだろうか。

「なぜ、こんなひどい相手とつきあおうとするのか？」

「なぜ、こんなひどいことをされているのに、別れようとしないのか？」

「ひどい目にあって傷ついたはずなのに、なぜまた次も同じようなひどい相手を選ぼうとするのか？」

「ひどい」とは主観的な問題であり、客観的に決めることができないのは当然である。しかし、少なくともはたからは「?」をつけざるを得ないような相手、「×」をつけられてもおかしくないような恋愛が存在することは、実感としておわかりいただけると思う。

自分がこうした恋愛傾向を持っていることについて、本人が自分で気づいている（自分から好んでそういう恋愛をしていると多少なりとも気づいている）場合もあるし、まったく気づいていない場合もある。また、「なんで私ってこんなにも『男運』がないのかしら?」とか「次こそはちゃんとした女に出会いたいよ」など偶然の要因に帰している場合もある。だが、周囲からすると、「またか!」「なんでわからないの!?」「もういい加減にしたら?」とでも言いたくなるような場合が多いのも事実だ。すなわち、周囲は皆その人が好き好んでそのような相手や恋愛を選択していることに気づいているのに、本人だけは気づいていないということが多いのである。

共依存者に依存する人々

私自身もかつては、こうしたケースを目にする・耳にするたびに、「なぜ？」という言葉が次から次へと心の中に湧きあがってきていた。しかし、ある日、他の目的で読んでいた学術論文の中で、ふと、「共依存」という言葉を目にした。激しい衝撃とともに、まさにそれこそが私の求めていた答えであることがわかった。

共依存を理解するためには、アルコール依存症者とそのまわりにいる人物たちとの関係を想像してみるのがよいだろう。

たとえば、夫・妻・息子という三人家族があり、夫がアルコール依存症だったとしよう。その場合、夫がアルコール依存症であるがゆえの、妻や息子への悪影響というのはすぐに想像がつく。よくあるパターンは、酒を飲むと暴れ出す（身体的暴力）、仕事を休んだりさぼったりする（それゆえ、経済状態が苦しくなる）、夫・父親として当然与えるべき愛情を与えない（家庭における精神的緊張状態や精神的虐待につながる）などであり、いずれにせよ、周囲にいる人物たちは何らかの害を受けるわけである。

たとえ離婚などで物理的に離れることができたとしても、その傷跡、特に精神的なものはたいてい長期間にわたって残ることになり、子どもの場合には一生それが尾を引くことになったりもする。家族の中にアルコール依存症者が出ると、その影響は少なくとも三代にわたると考える研究者もいるほどである。

この場合、誰が「悪者」かは非常にわかりやすい。悪いのはアルコール依存症者であって、性格的な欠陥からか、それとも何らかの精神的ストレスからか理由はわからないが、とにかく周囲や自分自身を害しながらも酒を飲むことをやめられないその人が問題なのである。「アルコール依存症者＝加害者、周囲にいる人物＝被害者」……共依存が注目される前には、このような明確な二分法の図式が少なからず存在していたものと思われる。

だが、ここで立ち止まって考えていただきたい。とにかく酒を飲み続け、酒を飲んでいない時は酒を飲むことばかりを考えているはずの人間が、どうやって一人で生活していくことができるのであろうか？

仕事をまともにこなせるはずはない。では、どこかから酒代や生活費を調達しなければならないはずだ。掃除、洗濯、食事をはじめとする日常的なことも、自分一人ではまともにできない。では、誰かにやってもらわなくてはならないはずだ。

そう、極端な言い方をすれば、「アルコール依存症者のまわりには、その人がアルコール依存を続けることを可能たらしめている誰かがいる」と考えられるのである。もちろん、親の莫大な遺産があるなどの「環境要因」もあるだろうが、多くの場合、「誰か」が支えているのである。


よくあるケースはこうだ。夫はアルコール依存症で、一日中、家で酒ばかり飲んでいる。仕方がないから、妻が働きに出て、家計を支える。妻は夫がしらふの時に「お願いだから、お酒をやめてちゃんと働いて」と懇願し、夫は「ああ、そうするよ」などとうそぶく。だが、仕事から帰ってくればいつもの通り酔っぱらっており、「酒を買ってこい」と怒鳴られる。怖いし、お酒さえ飲ませればおとなしくしてくれる、今日だけは仕方がないから従おうと思って、酒を買ってくる。翌朝起きるとまた「お酒をやめて」と懇願し……というパターンだ。おまけに、せびられるとお小遣いなどもあげてしまったりする。もちろんそれは酒代に消えるのだ。

この場合、もし妻が経済面から何から夫の面倒を見ることをすべてやめたらどうなるだろうか。夫は酒を飲み続けることはできなくなるはずである。これはアルコール依存症者が、周囲にいる人物に依存をしており、またその人物も依存を許しているということである。

もう一歩踏みこんで考えてみよう。妻は本当に夫に酒をやめてほしいのだろうか？　そして、もし本心からやめてほしいのだとしたら、なぜわざわざ客観的に見れば夫のアルコール依存を助長するような行動をとるのであろうか？　また、そもそもそんな苦しい状態にありながら、なぜ別れないのだろうか？　少なくとも、なぜ改善に向けて何らかの行動を起こさないのであろうか？

「愛しているから」「かわいそうだから」「怖いから」「それほど大した問題ではないから」「私さえ我慢すればいいから」「離婚は大変だから」……妻はそれこそ何百通りもの説明をしてくれるだろう。だが、こう考えてみたらどうだろうか。「実は、妻も夫に依存しているのではないか」。もっとていねいに書けば、「アルコール依存症の夫が妻に依存しているのと同じように、妻もアルコール依存症の夫に依存しているのではないか」と。

「依存している」という言葉を「必要としている」という言葉に置き換えると、より理解しやすいかもしれない。アルコール依存症者が周囲の人物に一方的に依存しているのではなく、互いに依存し合っている、すなわち『共』に『依存』し合っている」、これこそがまさに共依存の意味なのである。

共依存では、はたから見た場合の「ひどい相手（加害者）」と「被害者」が、実は心の奥底では互いが互いを必要としているところがポイントなのである。

共依存を見抜くチェックポイント

共依存という概念のイメージがつかめてきただろうか。さらに具体的に探っていこう。

メロディ・ビーティは著書『Codependent no more: Stop controlling others and start caring yourself』（邦題『共依存症：いつも他人に振りまわされる人たち』村山久美子訳／講談社）の中で、医療の現場に共依存症という言葉が登場したのは一九七〇年代後半であるが、これだという明確な定義は今のところなく、研究者によって定義の仕方がさまざまに異なると述べている。彼女自身は「共依存症者とは、特定の他者の行動に左右されていて、かつ、自分は相手の行動をコントロールしなければならないという強迫観念にとらわれている人のことである」と共依存症を定義している。ここでは共依存症者の五つの特徴を見ていくことで、共依存についての理解をさらに深めていただきたいと思う。

各特徴についてそれぞれ七つのポイントを挙げたが、三つ以上あてはまる項目があればあなたもその傾向が強いといえるだろう。

「必要とされる」ことを必要とする

□電話、メールなどがこないと、ひどく落ちこんでしまう。もしくは、電話をする約束をされたわけでもないのに向こうが電話をしてこないと、「なんでかけてこないんだ！」と憤りを覚えてしまう。

□「自分が相手を好きかどうか」よりも、「相手が自分を好きかどうか」のほうにより大きな価値をおく。

□「好き」「愛している」「あなたが必要だ」などのセリフに非常に弱い。

□「いつか相手は自分を必要としなくなり、どこかへ去っていってしまうのではないか」という漠然とした不安感に襲われることがある。

□何か頼み事をされると、うれしくなってしまう。

□相手の悩みや問題が解決されていくのを見ると、表面的には喜んでいるように見せても、内心ではがっかりしていることがある。

□孤独に弱く、常に誰かと一緒にいないと不安になってしまう。

ケース4の健一は、恋人から頼み事や相談事をされると気分が高揚し、自信や充実感が体中にみなぎってくるのだという。二人で何も悩まずにただ楽しい時を過ごすよりも、実はそうした心理的・物理的な労力を要求される時のほうが幸福を感じることができるのだ。共依存症者は「他人が自分を必要としているかどうか」が気になって仕方がない。すなわち、「(他人から)必要とされること」を「(自分は)必要としている」のである。

他人が自分を必要としているのがわかれば、大きな充実感や安心感を覚える。自分の存在価値が証明されたかのように感じるからである。一方、他人が自分を必要としているという手がかりが得られないと、激しい落ちこみに襲われる。自分の存在価値が証明されないからである。すなわち、「他人が自分を必要としている＝自分は生きている価値がある」との図式が頭の中にあるわけだ。自分の存在価値はあくまで他人しだいなのである。

それゆえ、他人が自分を必要としているという証拠を必死になって探そうとするし、それが見つからない場合には、たとえば自分からリーダー役や世話係を買ってでたり、自分を必要としてくれそうな人を探して接触するなどして、自分からそういった状況を作り出そうとする。

いわゆる「既読スルー」に対して過剰なほどに落ちこんだり憤ったりするし、「いいね！」が押されるかどうかが気になって仕方がない。それは強迫的ともいえるレベルであり、端から見れば「そんなに過剰反応しなくても」と思えるようなことでも、すぐに「自分は必要とされていない人間なのだ」との結論を導き出して落ちこんでしまう。逆に、ささいな頼み事をされただけでも、大きな充実感を感じる。必要とされているかどうかで、心の安定度が大きな波を描くのである。

さらに、恋愛であれば、「自分が相手を必要としているかどうか」ではなく、「相手が自分を必要としているかどうか」で相手選びをするということが起こる。「好きだ」「私にはあなたが必要だ」と直接的に言われることもあれば、間接的にそのにおいをかぎ取ることもあるだろうが、ともかく自分が必要とされていることが恋愛成立の必須条件になるのである。自分が相手を愛しているというだけでは駄目なのだ。逆に、相手のことを実はそれほど好きではなくとも、「君を愛してるんだ」「君が必要なんだ」で押し切られてしまうのも同様である。

「救済者」になりたがる

□「ああしたほうがいい、こうしたほうがいい」とついつい人にアドバイスしてしまう。
□相手が悩んでいるのを見ると、内心、うれしくなってしまう。
□他人の世話を焼いている時に、一番の充実感を感じる。
□頼まれたわけでもないのに、相手の悩み事に対して「自分が何とかしてあげよう」という使命感に駆られる。
□「この人を助けてあげられるのは自分しかいない」と思うことがある。

□自分がしたアドバイスに対して相手が実行してくれなかったり、感謝してくれなかったりすると、がっかりする、もしくは少なからず憤りを覚えてしまう。
□「救うべき人（悩んでいる人）」や「自分のアドバイスを聞いてくれる人」がまわりにいないと、退屈や虚しさを感じてしまう。

「必要とされることを必要とする」がさらに進行すると、この第二の特徴になる。相手から必要とされるだけではなく、もっと自分から積極的に働きかけて、相手を救いたいのだ。「救済者になるイコール相手にとって自分が必要不可欠な存在になる」との図式が背後にあることはいうまでもない。自分自身でも気づいている通り、ケース4の「不幸な女性を幸せにしてあげようとがんばる」健一がまさによい例だ。

「共依存症者は人助けに飢えている」と表現されたり、「救済者コンプレックス」と名づけられたりするように、共依存症者は悩んでいる人や困っている人を自分の力で救いたいとの衝動に駆られる。

無論、社会においては「困っている人は助けてあげなければならない」との規範があるから、誰にでもそうした欲求は多かれ少なかれあり、また人助けをすれば自分もよい気持ちになるのは当然である。

だが、共依存症者におけるその欲求は、並はずれて強い。強迫的に人助けをする機会を求めるのである。「人助けをするのは気持ちいい」ではなく、「人助けをせずにはいられない」「人助けをしていないと心の安定が保てない」というレベルなのである。そこが大きな違いなのだ。

一方、相手を救うことができたという実感が得られれば、それはとてつもない快感につながるが、人助けに失敗した（自分のアドバイスを受け容れてもらえなかった、自分のアドバイスが役に立たなかった、相手から感謝されなかったなど）ということになると、激しい落ちこみや罪悪感、自己嫌悪、時には相手に対する怒りの感情が猛烈に襲ってくる。人を救うことに自分の存在価値のすべてをかけているためである。

ちなみに、健一の場合のように、相手も初めは感謝していたのに、だんだんとそれを重荷に感じるようになっていくのは、人助けへの欲求が「役に立ちたいなあ」「役に立てればいいなあ」との自然なものではなく、「役に立たなければならない」との強迫的なレベルにあるものだからである。相手は心理的な圧迫感を強く感じてしまうのだ。

アルコール依存症者、薬物依存症者、その他の依存症者、仕事や金銭的な面がうまくいっていない者、性格的・情緒的に問題がある者、心に大きな悩みを抱えている者……共依存症者が恋愛相手として選ぶのは、このように「問題を抱えた者」であることが多い。なぜなら、そのような者たちこそ、「救いがいがある」からなのである。普通の相手では、「救いたい願望」を満たすことは難しいのだ。

相手を放っておけない

□悩んでいる人、困っている状況にある人を見ると、その人のことが気になって仕方がない。
□相手の問題を、自分の問題としてとらえてしまう。
□他人の問題に深入りしてしまうことが多い。
□自分のことよりも、他人のことを考えている時が多い。
□「あの人は私がいなくてはダメになってしまうだろう」と考えることがある。
□相手がどうすべきかをわかっているのは、相手自身よりも私のほうだと思うことがある。
□相手が今どんな状態にいるか、今日一日どんなことをしていたのかなどが気になって仕方がない。

ケース2の博子は、金銭面や家事などの生活面はいうに及ばず、あらゆることで恋人の世話を焼いている。彼のために仕事を探す、将来設計を立てる、元気づけたり慰めたり……すべてが彼女の役目なのだ。「なんで私があなたのためにここまでしなきゃならないのよ！」としばしば怒りをぶつけるが、実はすべて自分から進んでやっていることなのである。

酒癖が悪い、お金にだらしがない、情緒的に問題がある……まわりから見れば「どうしようもない相手」とつきあっている人がいたとしよう。友人など周囲の者は見かねて、一生懸命「別れたほうがいい」「会ったり電話したりするのもやめたほうがいい」とアドバイスする。そこで、お決まりのように返ってくるのが、「でも、そうしたら彼はきっとダメになってしまうわ」「オレがついてあげてなきゃダメなんだ」「それはわかっているけど、放っておけないの」といったセリフなのである。

共依存症者は、他人と自分との間に適切な境界線を引くことが苦手だ。「心理的に他人の中に取りこまれる」との言い方もできる。相手の問題のはずが、いつの間にか自分の問題になってしまう。

たとえば、博子であれば、仕事を探して働くのはあくまで彼がやるべきことであるはずなのに、自分が何とかしなければならない問題だと考えてしまうのだ。彼が自分で問題を認識し、彼自身で改善・解決の努力をしなければならないところを、すべてを肩代わりしてやってしまうのである。

博子だけではない。懇願したりなだめすかしたりして酒をやめさせようとしたり、働くことの大切さ・お金の使い方をとうとうと説いたり、カウンセラーになってこれからとるべき行動を指し示し、それでも効き目がないならば、「しっかりしてよ」「しょうがないヤツだなあ」「今回限りだぞ」などと文句を言いながらも、しっかりとしかも完璧に相手のすべての面倒を自分から見てあげてしまう人は少なくない。

一見すると、これは純粋な利他心から出ているようにも見えるのだが、実は「相手を放っておけない」ということは、裏を返せば「相手をコントロール（支配）せずにはいられない」ということでもある。自分は相手の行動や精神状態を逐一把握していなければならず、相手がこれからどうふるまっていくべきかも自分が決めなくてはならない。最善の道を知っているのは相手ではなく、自分だという心理が存在するのだ。

極端だが、相手が自分の好きなように行動し、生きていくことが許せないとの見方もできる。

「では、問題を抱えた相手をそのまま放っておけというのか。アルコール依存症者には、そのまま好きなだけ酒を飲ませろというのか」との反論がなされるかもしれない。もちろん、放っておいていいはずはないし、アルコールをやめさせなければならない。あなたができることをすべきである。

しかし、共依存の場合には、「相手はこうあるべきである」「相手はこうしなければならない」との部分が極端になりすぎるのである。「力を貸す」のではなく、「支配」になっているのだ。また、ささいなところにまですべてつい手や口を出してしまうという傾向もある。しかも、その支配は決して成功することはなく、支配をしようとしている自分が、ふたを開けてみれば結局相手に振り回されているという結果になる。

相手がアルコールや薬物依存などの深刻な状態にある場合は別として、一週間でいいから、相手の好きなように行動させることができるかどうかを試してみるとよい（例：会わない、電話しない、何をしていたのか聞かない、ああしろ・こうしろと言わない、など）。共依存的傾向にある人ならば、自分自身が不安で不安で仕方がなくなってしまうことだろう。

常に自分を後回しにする

□相手のささいな言動や行動をいちいち気にしてしまう。

□相手がつまらなさそうにしていたり、機嫌悪そうにしていると、「自分のせいだ」と感じてしまう。

□「どうすれば相手を喜ばせることができるか」ということばかりを考えてしまう。

□楽しいことをしていたり、幸せな気分でいると、ふと罪悪感が頭をよぎることが少なくない。

□「自分さえ我慢すればいい」という気持ちから、言いたいことややりたいことを我慢したり、事を荒立てないようにすることが多い。
□ほめられると、やっきになって否定したり、居心地が悪く感じてしまう。
□人前では自分の本音を隠したり、演技をしてしまうことが多い。

ケース3の百合は、恋人の気持ちを読み取る名人である。彼が今どんな心理状態にあるのか、特に不機嫌なのか上機嫌なのか、しぐさや表情一つで敏感に察知する。そして、彼が上機嫌であれば自分も楽しい気持ちになるし（というより「ホッ」とする）、不機嫌であればびくびくしながらできるだけ彼を怒らせないよう、必死に努力するのだ。

恋人といる時に限らず、人と接している時、相手の心理状態を読もうと百合の目は常に素早く動いている。おそらく、無意識に行っているのだろう。

「自分の幸せよりも、他人の幸せ」が共依存症者の合言葉である。

相手が幸せになって、初めて自分が幸せになる。「幸せになる権利が得られる」といったほうがいいだろうか。そもそも、自分が幸せになることは罪なのだ。自分には幸せになる資格がない。だが、もし他人を幸せにすることができれば、「特例」として幸せを感じることが許されるのである。

父親や母親の顔色をうかがって、とるべき行動や言動を決めていくということは、子どもの頃に誰でも行っている。母親が楽しそうにしていれば、自分も心おきなく楽しそうな顔をできるが、沈んだ顔をしていれば、たとえ自分が楽しくとも、楽しそうなそぶりを見せることはできない。共依存症者の場合には、それが極端であるとともに、大人になってからもずっとその傾向を続けていく。

友人や恋人のささいな言動や行動を敏感にキャッチし、自然にもしくは意図的にそれに応じた形で自分の言動や行動を調整していく。相手が楽しそうにしていれば自分も楽しくなるが、相手が少しでも不機嫌そうだったり、退屈そうだったりすると大慌てしてしまう。あたかもそれはすべて自分のせいであるかのようだ。それゆえ、無理に明るくふるまったり、事を荒立てたくないために、怒りや悲しみといった感情を人前では強く抑圧する。たとえば、大勢が集まるような時、「場が盛りあがっているか」どうかを過剰に気にしたり、無理に明るくふるまって場を盛りあげようとする人がいるが、それはこのタイプである。「皆が楽しんでいる」という実感が持てないと、不安になってしまうのだ。

同じく恋愛でも、自分ではなく、恋人がすべて最優先となる。恋人が楽しんでいるかどうか、恋人が喜んでいるかどうかがすべてであり、自分が楽しいかどうか、自分がうれしいかどうかは後回しになる。同じくセックスでも、自分が気持ちいいかどうかではなく、相手が気持ちいいかどうかばかりが気になる。そして、何か問題が起きれば（問題といっても、相手が何かに対して不満足だということであるが)、それはすべて「自分が悪いからだ」ということになる。

これは何も共依存に限ったことではないが、互いの譲り合いといった自然なものではなく、強迫的に自分よりも相手を優先させてしまうのは、自分で自分のことを無価値な人間だと思っているからである。自尊心もしくは自己評価が極端に低いという言い方もできるだろう。

「駄目な人間である自分が、人様より先頭に立っていいはずがない。ましてや、自分の幸福を真っ先に追求するなんて恐ろしい罪を犯してはいけないのだ」と頭の片隅で常に考えているのである。

現実を見つめることができない

□友人たちの多くから「別れたほうがいい」と言われても、なかなか別れることができない。

□相手をかばって、周囲に嘘をつくことがある。

□相手に何か問題があることに気づいても、「大したことではない」と自分に言い聞かせる。

□つらさや苦しみがあっても、「愛しているから仕方がない」などと我慢してしまう。

□「本当の彼(彼女)」をわかってあげられるのは、自分だけだと思う。

□「今はつらいけど、そのうちきっと物事はいい方向に進むはずだ」などと、大した根拠もないのに、思いこもうとする。

□自分がもっと努力すれば、事態はきっとよくなっていくと思う

「もうそろそろ、彼も働き始めるだろうとは思うのですが……」（博子）

「まあ、ぶたれるのを我慢すればいいだけなんですけど……」（百合）

「貢がされただけじゃないか」って友達には言われたけど、彼女は絶対にそんな人じゃないですよ」（健一）

第1章では「認知の歪み」という言葉を用いたが、共依存の場合でも、現実は歪められて認識されてしまう。自分にとって都合の悪い（認めるのが苦しい）事実は無視されるか、自分の都合のよいようにねじ曲げられる。もちろん、誰にでもそのような傾向は多かれ少なかれあるのだが（精神分析では「防衛機制〈defense mechanism〉」と呼ばれる）、共依存ではそのねじ曲げ方が極端で、周囲が「？」をつけたくなるような発言が多くなる。

ポイントは三つある。

まずは、「否定（denial）」であり、「そもそも問題などどこにもないのだ」と思いこもうとすることである。問題を指摘されても「そんなことはない」「別に私は気にしていない」「大したことではない」といった発言を返すことになる。

第二は「合理化（rationalization）」であり、もっともらしい理由づけをして納得しようとす

ることである。「お酒ぐらい誰でも飲んでいる」「彼が仕事につかないのは、世間が彼の才能に気づかないからだ」「確かにワガママは半端じゃないけど、そこがまたかわいいんだ」などといったセリフに象徴される。

第三は「非現実的な期待感（unrealistic expectations）」であり、何か偶然や奇跡の力で、物事ががらりとよい方向に進むという根拠のない期待感を持つことである。「そのうち自分からお酒をやめるでしょ」「そのうちちゃんと働き出すわよ」といったことや、よくあるのが、「ある日突然、相手が自分の愛の大きさに気づいて改心する」という夢想である。たとえば、「いつか私の愛に気づいて、『ごめん、すべてオレが悪かったよ』と謝る日がくると思います」「彼女は本当の愛を知らないだけなんだ。いつかオレの愛こそが本当の愛だっていうことに気づいて、浮気をきっぱりやめるはず」というのは、私が実際に耳にしたセリフである。

共依存的恋愛のサイクル

共依存症者の恋愛をさらに詳しく分析してみよう。

共依存症者の典型的な恋愛では九つのステップがあることが認められる。輪を描いて回っているように見えるので、ここでは「サイクル」と呼ぶことにしよう。

『Facing Love Addiction』（Harper Collins）を著したピア・メロディの説を参考にして、サイクルにおける各ステップを見ていくことにしたい。

1、共依存症者が回避依存症者に惹きつけられる

回避依存症者とは、親密で心休まるような恋愛関係を形成できない者のことであるが（第3章で詳述）、ここでは本章で述べてきたような「ひどい相手」のことだと思っておけばいいだろう。

親子関係や過去経験によって共依存的傾向があらかじめ形成されていた者は、回避依存症者に出会ったその瞬間、一瞬にしてものすごい力で惹きつけられる。逆に、回避依存症者も共依存症者に一瞬にして惹きつけられる。N極とS極のような互いのその磁力は、まさに魔法といってもよいほどで、たとえその場に恋人候補者が互いにあと九九人いようとも、間違いなく互いを見つけ出し合うだろう。

本人たちは「一目惚れ（love at first sight）」とそれを呼ぶかもしれない。

「一目見て、この人だとわかったわ」「あれこそ、まさに運命の出会いだよ」「とにかく、他の男とは全然違っていたのよ」「彼女に出会うために生まれてきたんだ、っていう気がしました」などは、共依存症者が後から出会いを振り返ってよく口にするセリフである。

確かに、一目惚れや運命の出会いというのはある。それは素晴らしいものに違いない。しかし、ピア・メロディが「一目で依存症が始まる（addiction at first sight）」との表現を用いているように、共依存症者と回避依存症者の出会いは、甘美だが危険な旅路への第一歩なのである。

2、「熱に侵された」状態になる

「自分のすべてを満たしてくれる人がついにあらわれた！」との認識とともに、気分が一気に高揚し、熱狂的な状態になる。相手は「白馬に乗った王子様」や「天使のようなプリンセス」であり、人生はバラ色に思えてくる。

相手は理想化され、自ら作り出した幻想というフィルターを通してしか相手を見ることができなくなる。相手は長所も短所もある現実の人間ではなく、短所などない完璧な（自分の幻想にぴったりあてはまった）人間だ。しかも、共依存症者が幻想の世界にとらわれて現実が見たくなっているだけでなく、回避依存症者はその役を天才的に巧みにこなす。共依存症者が何を望んでいるのか、本能的にもしくは経験的に知っているからである。

3、「救われた」と感じる

孤独、焦燥、虚無、自己嫌悪、自己否定、愛されることへの渇望……こうしたすべての心の痛みから、解放されたと感じる。自分は価値のある人間であり、完全であり、満たされており、人から愛される存在なのだ。

共依存症者の場合には、普段の心の痛みが人よりも強い分、その喜びは想像もつかないほど大きい。自分ではどうすることもできなかった心の痛みが、ある人物の登場、ただそれだけによってすべて癒されたのだ。彼（彼女）によって自分は救われ、生まれ変わることができる。これこそが運命の恋だと思っても、少しも不思議ではない。

4、より多くを要求するが、満たされない部分もしだいに出てくる

「彼（彼女）は私のすべてを満たしてくれるはずだ」との信念が根底にあるので、相手に求めるものも必然的に大きくなっていく。

しかしながら、すべてを満たすことなどとうていできるはずはない。また、回避依存症者の「演技」にもほころびが見え始める。さらに、回避依存症者は「相手が大きな要求とともに迫ってくること」をもっとも恐れるので、しだいに逃げの姿勢を示し始める。

だが、この段階では、共依存症者はまだ幻想の中で生きることができる。たとえば、「会いたい」と言っても断られる機会が増えても、「きっと仕事が忙しいのよ」などと否定や合理化などによって自分を納得させてしまうのである。

5、自分をごまかすことが難しくなってくる

相手にはネガティブな側面（性格的な欠陥、暴力、浮気、アルコール依存、お金にだらしがないなど）があること、自分のすべては満たしてはもらえないこと、自分を遠ざけようとしていること、これらの「証拠」が突きつけられるにしたがって、しだいに「見たくないものが、見えてくる」ようになる。否定や合理化といった心理的な防衛機制だけでは、事実にふたをすることができなくなってしまうのである。

いったん天国に持ち上げられて、そこから真っ逆さまに突き落とされるのと同じだ。「あなたに一億円が当たりました。来月にお振り込みいたします」と言われていたのに、その来月になってみたら突然、「申し訳ありませんがこちらの手違いでした」と言われるようなものだ。すべての心の痛みから救われると思っていたのに、その期待が一気に崩れ去る。

自分をごまかしきれなくなってくると、その状況や相手に対して抵抗を試みる。大声で要求を叫ぶ、怒る、泣く、餌（お金、セックスなど）で釣ろうとする、脅す（「こちらの要求に応えな

ければ、お金やセックスを与えないぞ」と脅したり、「あなたがひどい人間だということを周囲に訴えてやる」など）、肝計《かんけい》をめぐらす（気をひくためにわざと浮気をしてみるなど）といったことである。

しかし、共依存症者と回避依存症者のカップルの場合、共依存症者によるこの抵抗が実を結ぶことはまずない。それどころか、むしろ、ますます回避依存症者の術中にはまっていくだけである。こうした行動は、自分の心や体を傷つけるばかりで、二人の関係はどんどん「有毒なもの（toxic）」になっていく。

6、ひきこもり（withdrawal）

共依存症者はついに「負け」を認めざるを得なくなる。彼（彼女）は自分の救世主ではなかったし、自分は（少なくとも心理的には）捨てられてしまったのだ。他に恋人ができたのか、それとも他に興味があることができたのかはわからないが、ともかく彼（彼女）にとって、自分は彼（彼女）の中心にいる存在ではなくなってしまったのである。

アルコール依存症者が酒を取りあげられてしまった時のように、あらゆる苦しみが一気に襲ってくる。孤独、焦燥、虚無感、自己嫌悪、自己否定、愛されることへの渇望……以前の、そして消すことができたと思ったあの痛みだ。あの恐るべき痛みが再び襲ってくる。しかも、今度は以前の痛みにプラスして、期待が裏切られたという絶望感と、自分が愚かだったという自己嫌悪感までおまけについてくる。

これらの心の苦しみや悲しみは、想像を絶するものだ。この時に適切な介入（友人など周囲の者によるサポートなど）や適切な自助努力（カウンセリングに行く、本を読むなど）がなされないと、深刻な「うつ」に陥ったり、自傷行為に及んだりということになる。また、苦しみから逃れたい一心で、酒、食べ物、ドラッグ、買い物、ギャンブルなどに走れば、他の依存症にも陥ることになる。

7、恋人を取り戻す（または改心させる）ために、妄想的な考えにとらわれるようになる

6番目のステップまできても、「あきらめなければならない」ことや「自分のためにはもうきっぱりと関係を絶たなければならない」ことが認められない場合、妄想が始まる。ありのままの現実を受け容れるのがあまりにも苦しいからである。

たとえば、「毎日のようにメールを出し続ければ、オレの本当の気持ちがわかって戻ってきてくれるだろう」「毎日食事を作って持っていってあげれば、私のありがたみがわかるだろう」といったものや、ひどくなると「私が自殺未遂を起こせば、彼はきっと改心してくれるだろう」とか、「全財産を彼女に捧げると言えば、さすがに彼女も戻ってくるだろう」「彼女はあい

つ（新しい恋人）に偏されているだけで、あいつさえいなくなれば正気に戻るだろう」などとなる。このステップまでくると、現実の相手も、現実の自分もまったく見えなくなり、内的な世界のみで思考が堂々めぐりをすることになる。

8、妄想が実行に移される

7番目のステップで形成された妄想が、実行に移される。

切ない気持ちをつづったメールを毎日送り続けたり、一日に何度も何度も電話をかけ続けるのはまだ序の口である。手首を切った、睡眠薬を大量に摂取したとの電話が突然恋人からかかってきた、三〇〇〇万円の札束を突然目の前に突きつけられた、婚礼の日取りや式場、式の進行が書かれた書類を突然渡されたなどの極端な実例も存在する。「All or Nothing」な視野狭《きょう》窄《さく》の状態になっているのも特徴で、何か極端なことをすれば恋人を取り戻す（改心させる）ことができるとの思考に取り憑かれてしまうこともある。

ストーカーは身近な人（特に昔つきあっていた恋人）である場合が多いという。「ストーカー＝共依存症者」ではないことは固くお断りしておくが、心の痛みから逃れたい一心で妄想的な行動を起こせば、周囲からはストーカー的行為と見られてしまうこともある。

9、パートナーが戻ってくる、もしくは、新しいパートナーを見つけることにより、1からまたサイクルを始める

何らかの理由によって相手が戻ってきたり改心したりすると、一時的にまたハネムーン状態が戻ってくる。すべてがバラ色になり、すべての問題は解決し、明るい未来のみが見えてくる。

もしくは、新たな出会いがあるかもしれない。「今度こそは失敗しないはず」と選んだ相手だ。「前の相手とは違う理由」をいくらでも挙げることができる。

だが、残念なことに、気がついてみるとまた同じサイクルを繰り返している。改心したはずの相手はいつの間にかまたもとの状態に戻っている。「今度こそは……」の相手もよかったのは初めのうちだけ。結局は前の相手と少しも変わりがない。こうして「なぜいつも……？」と自分の運命を呪いながら、共依存症的恋愛のサイクルからいつまでも抜け出せないのである。

この九つのステップはあくまで一つのモデルであり、どのステップを経るかについては個人差や状況による差（相手の要因など）がある。特に7と8のステップを経るかどうかは個人差が

大きい。
7、8を経る人は「しがみつく」タイプである。特定の人にべったりとはまる傾向が強いのだ。たとえば、ひどいことをされ続けながらも、何年間にもわたってその相手とのつきあいがやめられなかったり、執着して心理的に離れられない場合である。ステップ8のように、自分から何かを積極的にしかける傾向が強い。
一方、7、8を経ないで9に飛ぶ人は、「あきらめる」タイプである。「またやってしまった」ことに気づき、自分の中にひきこもる。相手が離れていくにまかせる場合もあるし、相手に利用され続けるということもある。だが、自分から何かをしかけることはあまりない。「私にはどうしようもできない」とあきらめてしまうのである。このタイプは、特定の誰かにはまるというよりは、回避依存的傾向にある者と次々に関係を結んでいくことが多いようである。

深層心理が共依存的恋愛を引き寄せる

なぜ、共依存、そして共依存的恋愛のサイクルに陥ってしまうのか？　そこには確固とした心理学的理由が存在する。

人の心を、「自分自身で意識できる領域＝意識」と「自分自身では意識できない領域＝無意識」に分けたのがフロイトを祖とする精神分析の出発点である。共依存は、心の中にある「無意識」の領域に書きこまれたプログラムであるために、自分がそうであると気づくことも、どうしてそうなったのかを知ることも、そこから抜け出すことも難しくなってしまう。

よって、共依存的恋愛から脱するためには、その無意識のプログラムに気づくことが第一だ。共依存の背後にある無意識＝深層心理にメスを入れてみよう。

愛には「バランス」が必要

生まれた当初、私たちにとって、親というのは全知全能の神に等しい存在である。食料、安全、保護、愛情……必要なものすべてが親の手に委ねられている。

一方、通常の場合、親はまた自分の奴隷に等しい存在でもある。お腹が減ったら泣く、すると親がミルクを与えてくれる。排泄したら泣く、すると急いで快適な新しいおむつに替えてもらえる。機嫌が悪ければむずかる、するとご機嫌取りであやしてもらえる。自分の一挙手一投足で、親は思い通りに動いてくれるのである。

この時期、私たちの内的世界では「親＝自分」となっており（親といっても別に生みの親とは限らず、中心的に世話をしてくれる人のことである）、親が自分とは別個の存在であることをまだ認識できていない。自分の欲求が満たされるかどうかがすべてであり、「他者」という視点はない。世界は自分のために存在し、自分こそが世界のすべてなのだ。「ナルシシズム（自己愛）の段階」と呼ばれている。

しかし、泣くだけですべて言うことを聞いてもらえていたのが、「それぐらい自分でやりなさい」「泣いたって駄目ですよ」に徐々に変わる。ここで初めて、親と自分が別個の存在であること、また、別個の存在でなければならないことを認識せざるを得なくなる。「分離・独立の段階」である。

私たちにとって、この分離・独立の段階は、人生最初の大きな試練である。今までは心地よい自己愛の世界の中で生きていられたのに、危険で恐ろしい世界に足を踏み入れていかねばならない。奴隷であるはずだった親も、しつけなどをはじめとして、時には自分にとってもっとも恐ろしい存在となる。安全で幸福な世界が突如として崩れ去るのである。

子どもが分離・独立の段階をスムーズに昇れるかどうかは、親が「適度に要求に応え、適度に突き放す」ことができるかどうかにかかっている。要求にある程度応えることにより「私たちはお前の味方なんだよ、ここはお前にとって安全な場所なんだよ」と認識させつつ、「だからといって、いつまでもここにいてはいけないよ。外の世界にお前一人で出ていかなければならないんだよ」と背中を押してやるのである。その「受け容れ」と「突き放し」の微妙なバランスが重要なのだ。

受け容れが強すぎれば、いわゆる過保護になり、子どもはいつまでもナルシシズムの段階にとどまってしまう。一方、突き放しが強すぎれば、「自分は見捨てられたんだ」と孤独感や自己否定感を募らせたり、分離への恐怖感が強くなりすぎて逆に第一歩を踏み出せなくなる。

毒になる親——失われた愛情を求めて

「毒親」という言葉をご存じだろうか？　母親に限定をして、「毒母」と呼ばれることもある。元となったのは、アメリカの著名な心理セラピストであるスーザン・フォワードが著した『毒になる親』(Toxic Parents)という本だ(日本では同タイトルにて講談社より発刊)。

「毒」という言葉を強すぎると感じる人もいるだろうが、「子どもたちの将来や人生全般に悪影響を及ぼす親」のことを指している。「良い親」「普通の親」はもちろんのこと、「あまりよろしくない」程度の親のもとで育った人たちには理解や共感が難しいだろうが、まさに子どもにとっては毒となるような悪影響を及ぼす親というのは確かに存在する。しかも、目に見えるような・はっきりと証拠に残せるような悪影響(例：暴力、虐待)ではなく、一見それとはわかりにくい、むしろ表面的には「愛情深い良い親」とさえ思わせてしまうような言動や行動が特徴になる場合もある分、子どもたちは余計に苦しんでしまう。

実際に身に覚えがある、しかもまわりからは理解されない、自分自身でも今まではまったく気づいていなかったなど、インパクトが大きかった分、「毒親」という言葉や概念は、一部で大きな流行をし、そして既に定着した感がある。

スーザン・フォワードは、「毒になる親」のタイプとして、たとえば「神様のような親」「義務を果たさない親」「コントロールばかりする親」「アルコール中毒の親」「残酷な言葉で傷つける親」「暴力をふるう親」「性的な行為をする親」などを挙げている。各タイプの詳細については『毒になる親』をお読みいただきたいが、重要なのは、親が子どもに悪影響を及ぼす言動や行動の仕方についてはさまざまであるものの、子どもに「罪悪感」「自己否定感」「無価値感」「絶望感」などの悪感情を植えつけているという点では、共通だということだ。

たとえ親とは物理的に離れることができても、また、たとえ親はこの世にはもういないとしても、植えつけられた感情が心の奥底にずっと残り続ける。そのため、毒親に育てられた子どもたちは、いつまでたっても「幸せ」「心の安寧」「自己肯定感」を手にすることができない。毒親による心理的支配をいつまでも受け続けてしまうのである。

先ほどの「親からの分離・独立」という点でいえば、毒親やそれに類する親のもとで育った人は、分離・独立に失敗をし、「親から得られるはずであった・得たかった愛情を、永遠に求め続ける」パターンにはまりやすい。独立するための勇気や支持、安全基地となるための親からの愛情が得られなかったために、いつまでも親から心理的に旅立つことができない。「親にもっと自分を愛してほしかった」と涙ながらに訴える場合もあれば、愛を与えてくれなかった親を心から恨んでいる、憎んでいるという場合もある。表層意識では自分でも気がついていない場合もあるだろう。

過保護など、一見、過度の愛情がそそがれているように見えても、実は支配的なだけで条件付きの愛情のみがそそがれていることも多い。親の期待に添えた時だけ、子どもは愛してもらえるのである。結局、子どもは冷たく突き放されているのであって、これもまた同じパターンといえる。

だが、その「失われた愛情」を当の親自身から取り戻すことは難しい。というか、不可能に近い。親が「あの時は本当にすまなかった」と謝ったり、「お前が何と言おうと、本当にお前のことを愛していたんだよ」などと言うことは、ドラマではあるかもしれないが、現実にはあまり期待できない。「そんなはずはない」と事実を認めなかったり、「親に向かって何てことを言うんだ。お前を育てるのにどれだけ苦労したか……」と逆に叱られるのが普通である。そもそも毒親からの心理的支配を受けている人は、親を前にしたら、子ども時代のように何も言えなくなってしまう。

また、大人になるにつれ、物理的にも親から離れることになるだろうし、社会・文化的な規範もあって（表面的には）精神的にも親から離れていくことになる。

すなわち、深層心理的には親の影響をずっと引きずりながらも、大人になるにつれ、表面的には親から離れていく、親からの愛情をあきらめていくという状態になるのである。

すると、親しい人、特に恋人を親代わりにして、その失われた愛情を何とか取り戻そうとするメカニズムが働き始める。スーザン・フォワードは著書『Obsessive Love』（邦題『その恋を捨てる勇気がありますか』恵見真・竹内美佳子訳／早稲田出版）の中で、「象徴的親」との言葉を用いているが、深層心理では「恋人＝象徴的親」であり、恋人は現実の親の代理なのである（そして本人はそのことに気づいていないことがほとんどだ。小さい頃の子どもの役を自分が演じ、その時の親の役を恋人に演じさせるともいえる）。

これが共依存症者が恋人に「しがみつく」理由である。特に、ある特定の人にどっぷりとはまってしまう場合がそうだ。

彼（彼女）にとって、恋人は親なのである。親だから、べったりとくっつこうとする。親だから、離れがたい。親だから、自分との心理的境界線がうまく引けなくなる。親だから、そう簡単に取り替えるわけにはいかない。

何より、そこで失敗するということは、人生最大といえるかもしれないあの恐ろしいトラウマ（親から愛してもらえなかった）を再び経験するということにつながる。はたから見れば「ひどい相手」を選ぶ理由、「ひどい状況でも我慢する、がんばり続ける」理由がここにある。「愛情を与えてくれなかった親」の役をうまく演じてもらおうとすれば、どうしても「ひどい相手」になるし、二度と失敗はできない、失敗を認めたら自分が崩れてしまうから、いつまでも我慢し、がんばり続けるのである。

もしあなたに共依存的傾向がある場合、また、共依存的恋愛パターンにはまっている場合、それでも、「親」や「過去」があなたの恋愛に影響を与えていることがわかりにくいというのなら、「ああ、これはあの時と同じ状況ではないか」「ああ、これは、あの時に味わった気持ちではないか」という場面を経験することがないか考えてみてほしい。特に、相手のささいな言動や行動が、あなたの中に強烈な感情（恐怖感、拒絶感、孤独感、自己否定感など特にネガティブな感情）を引き起こす瞬間がもっとも大きなヒントになる。

たとえば、恋人とささいなことで口ゲンカになりそうになった瞬間、とてつもない恐怖感があなたを襲ったとする。それは楽しいはずの夕食の席で突然始まった、両親の言い争いを起こさせるからではないか。

あなたの要求に恋人が軽い気持ちでノーと言った瞬間、とてつもない怒りや悲しみが襲ってきたとする。それはいくらあなたがお願いをしても、決して親に聞き入れてもらえなかった時の感情が甦《よみがえ》ってきたからではないか。

恋人に自己主張しようとした瞬間、罪悪感が襲ってきたとする。それは自己主張するたびに「そんなワガママを言うんじゃありません！」と怒られたり、冷たく無視されるだけに終わった子ども時代を思い起こさせるからではないだろうか。

突然襲ってくる説明のつかないネガティブな感情や精神的混乱、そのほとんどは、今ここにいる自分もしくは今目の前にいる相手に原因があるのではない。過去の経験や感情を記憶から甦らせる引き金が引かれたのであり、過去に受けた傷口が開かれようとしているためなのである。

かわいそうなお母さんを助けたい

「不幸な女性を幸せにしてあげようとがんばる」ケース4の健一に再び登場してもらおう。彼こそが、親（母親）からいまだ心理的に分離・独立できておらず、恋人を象徴的親にして「失われた愛情」を求め続けている典型的な例である。

本人も認めていることだが、健一は母親の夫であり、恋人であり、父親であった。息子だったのではない。

我が国ではよくあることなのだが、夫が仕事や会社にすべてのエネルギーを費やし、物理的にも精神的にも父親不在の家庭が作られたり、男尊女卑やコミュニケーション能力の不足等から親密な夫婦関係が築かれないと、本来であれば夫に向けるべき諸々を妻は子どもに向けるようになる。夫への不満、自分の人生や境遇に対する不満を子どもに垂れ流しにするとともに、自分の希望や存在価値のすべてを子どもに託すようになる。

こうして子どもは、まだ自分自身のことも、世間や社会のこともよくわからないうちに、親に取りこまれることになる。「親＝自分」の状態を抜け出すことを、親によって禁じられてしまうのだ。

それにともなって、「親の苦しみ＝自分の苦しみ」になる。年端《としは》もいかないうちから、親の苦しみをすべて背負いこまされてしまうのである。

当の親はそんなことをしているつもりは毛頭なく、ただ身近にいるし、話しやすいから愚痴《ぐち》や不満を何気なくこぼしているのかもしれない。だが、子どもは大人のように「まあ、それは大変ですねえ」と軽く受け流すことはできないのだ。「楽しいこともあればつらいこともあるよね」「まあ、でも、トータルにしてみれば幸せだよね」「なんだかんだ言っても結局は愛しているくせに」といったことは子どもには理解できない。ましてや世界でもっとも大事な自分の親のことである。親が愚痴や不満を軽い気持ちで子どもにこぼすだけでも、子どもは「それは大変だ！　ボク（私）が何とかしなくちゃ！」という気持ちになるのだ。そして、自分の欲求や感情は後回しにして親のことを優先させるようになるとともに、親を救えない自分に対して無力感や罪悪感といった自己否定感を形成するようになるのである。

健一の父親は典型的な会社人間だった。朝早くに出かけて、帰ってくるのは終電間近。休日はゴロゴロしているか、接待ゴルフである。当時、そんな家庭はいくらでもあっただろう。

ただ、仕事がうまくいっていない時、父はイライラし、ささいなきっかけで爆発した。ちょっとした母の一言、夕食のおかず、理由は何でもよかった。その一点だけが、父親に対する健一の感情に影を落としていた。

だが、母はそうではなかったようだ。当時、父と母がどのような状態であったのかはわからないが、母が父に大きな不満を持っていたということだけは今でもよくわかる。

「お父さんはこれをしてくれない、あれをしてくれない」「こんなひどいことをした」「こんな欠点がある」、それこそ朝起きてから夜寝るまで、そんなことばかりを聞かされ続けた。また、何かにつけて、「私の人生はひどいものだ」「あの時、ああしていれば」などと人生に対する不満もこぼし続けていた。

一人っ子である健一には逃げ場がなかった。

父はもちろん駄目、兄弟姉妹はいない。自分がその役を引き受けるしかなかった。というより強制的に引き受けさせられた。母の愚痴の聞き役、慰め役、アドバイス役。こんな役目を小学生の子が引き受けなければならなかったのである。そのおかげもあってか、母は健一を溺愛した。近所でも学校でも「よくできたおぼっちゃん」で通っていた。父にとっても母にとってもさぞかし自慢の息子だったことだろう。

そしてそれは、健一が大学を出て、勤務地の関係から居を移すために実家を出るまで、ずっと続くことになった。もちろん、今でも何かあるたびに母は電話をかけてきて、相変わらず愚痴をこぼしているのだが。

このように育ってきた健一が、恋愛においても「救済者」の役を引き受けてきた、いや自分が救済者になるというパターンでしか恋愛ができなかったのは無理からぬことである。

男性にとって、母親はすべての女性の象徴もしくは原形となる存在だ。だから、健一にとって、女性というのは「救うべき存在」なのである。健一の心の中に内面化された母親の悩みや苦しみ、友佳を見るたびにそれが相手に投影される。女性というのは、悩み苦しんでいるかわいそうな存在だ。だから、自分が救わなければならない。「ボクがお母さんを助けなきゃ!」「ボクがママを幸せにするんだ!」。

本当の意味で健一が母親から分離・独立できない限り、恋愛や結婚、女性がいるところすべてに母親の毒が落とされる。女性が悩みを口に出した途端、健一の頭の中には「ボクが君を助けてあげるからね」との言葉が思い浮かんでいることだろう。

だが本当は、「お母さん、きっとボクが助けてあげるからね」なのだ。自分が本当に救いたいのは母親。恋人は母親としての役をやらされているにすぎない。そこに気づかない限り、健一は終わることのない、そして勝利をおさめることはできない闘いに、永遠に挑み続けていくことだろう。

ここではケース4の健一を例にしたので「息子―母」という関係で説明をしたが、当然、「娘―母」でもありうることだし、「娘―父」や「息子―父」でもありうる。子どもを、愚痴の聞き役、慰め役、アドバイス役にさせてしまう親のもとでは、子どもは永遠に「人を救う役目」を担わされてしまうのである。

アダルトチルドレン――子どもでいさせてもらえない子どもたち

「アダルトチルドレン」という概念はもはやかなり一般的になったと思われる。もともとは「アルコール依存症の親を持つ子供たち（adult children of alcoholics）」のことであるが、現在はアルコール依存だけではなく、何かしらの問題を抱えた親の存在による「機能不全家族」のもとで育ち、そのためにさまざまな心の苦しみを抱えることになった人たちのことを指している。慢性的な自己否定感（自分は愛されるに値しない、価値のない人間であるなど）や他者への過度の適応（ノーと言えない、他人の目を過度に気にするなど）といった特徴があるが、先に挙げた共依存症の特徴がそのままあてはまると思ってよいだろう。

機能不全家族（本来あるべき家庭の役割に支障がきたされている）というのは曖昧な言い方に聞こえるかもしれない。「あるべき家庭」などを一つに決めることはできないし、どんな家庭であっても多かれ少なかれ何かしらの問題が存在するからだ。そのような意味では、どんな家庭であってもアダルトチルドレンが生まれる可能性はあるといえるし、逆に、重大な問題を抱えている家庭だからといって、その子どもたちが必ずアダルトチルドレンになるというわけではない。

だが、そのような点を考慮しても、やはり「アダルトチルドレンを生みやすい家庭環境」は確かに存在する。親が、アルコール、ドラッグ、ギャンブルをはじめとするさまざまな依存症に陥っている場合にはわかりやすいだろう。親が酒ばかり飲んでいる、非合法的なドラッグを求めてさまよっている、借金をしてまでギャンブルにのめりこんでいる……これらが家族や子どもによい影響を与えないことは一目瞭然だ。一方、世間的な評価とのギャップという落とし穴もある。親がワーカホリックである、金儲けにばかり奔走しているという例がそれだ。世間からは「仕事執心な旦那さん」「出世頭」「裕福な家庭」などともてはやされていても、その実、家庭内が冷えきっているケースは多い。「いいおうちのお子さん」がアダルトチルドレンであることは、心理学の世界では何も珍しいことではない。

いずれにせよ、こうした機能不全家族では、子どもが自分自身や他者を健全なやり方で愛する術《すべ》を学ぶことは難しい。かたよった形での「愛し方、愛され方」を学んでしまうとの言い方もできる。そのかたよりが、大人になってからの恋愛に影響を与え続けるのである。

これは「役割」や「適応パターン」という概念から読み解くと、よりわかりやすい。「生き残る（survive）」という言葉が用いられるぐらい、機能不全家族の中で成長していくことは子どもにとって大変なことである。日々闘いであり、何とかしなければ生き残ることはできない。すると、子どもは生き残るための方法、欲しいものを得るための方法として、何らかの役割や行動パターンを身につけるのである。

アダルトチルドレンの家庭内における役割にはさまざまなものがある。

たとえば、「ヒーロー」と呼ばれる役割は、学業やスポーツなどで優秀な成績をおさめることで自分が光り輝く存在となり、家庭にはびこる闇を隠そうとするものである。

「マスコット」は自分が道化者になることで、家族内の緊張状態をやわらげようとする。

「世話役」は親子の逆転であり、本来ならば親が子どもに与えるべき世話を、子どもが親に与える（食事といった文字通りの世話もあるし、先述したような愚痴の聞き役など情緒的な世話もある）。

「問題児」は犯罪や反社会的行為、登校拒否など何らかの問題を起こすことによって、家族の中にある本当の問題を隠そうとしたり、家族の結束を高めようとしたりする（子どもの問題を解決するために夫と妻が協力し、一時的にせよ冷えきっていた関係がよくなることがある）。

「パパの王女様」や「ママの王子様」は何とか父親や母親の愛情を得ようと、自分の欲求や感情を押し殺してまで、父親や母親の望みに合わせようとするのである。

こうした役割は、確かにその家庭の中のみであったら、「適応的」といえるものだ。しかし、家庭の外においても、また大人になってからもその役割を脱ぎ捨てることができない時、しばしばそれは自分自身を傷つけたり、かえって社会的な不適応を招くことにつながる。恋愛においても恋人に対してその役割を忠実に遂行しようとすることで、苦しみやトラブルを招くことになる。

たとえば、「ヒーロー」は、恋人の前で必死に素晴らしい自分を演出しようとするだろう。がんばりすぎて結局自分が疲れてしまい、自分から白旗を揚げるのがこのタイプである。

「マスコット」は恋人の前で必要以上に明るくふるまったり、おどけてしまったりする。自分の本当の欲求、つらさや苦しみを隠したり、二人の間にある本当の問題から目をそらしてしまうことにつながる。

「世話役」はひどい相手・だらしがない相手の面倒を自ら引き受けてしまうことになるだろ

う。まさに共依存的恋愛だ。相手に特に問題がない場合でも、必要以上に世話を焼こうとするかもしれない。

「問題児」は、わざと何か問題（反社会的行為、浮気など）を起こすことで、恋人の気を引きつけようとするだろう。

「パパの王女様」や「ママの王子様」は、自分の欲求や感情を押し殺してまで、相手の好みや欲求に合わせようとするのである。

父親との関係を繰り返す

「パパの王女様」のケースをご覧いただこう。「恋人の暴力に耐え続けている」ケース3の百合がそれである。

「虐待の連鎖反応」と呼ばれるぐらい、暴力をふるう恋人・配偶者を選んでしまう人には、自分の父も母や家族に対して暴力をふるう人であったという例が多い。百合も同じである。

普段は几帳面でおとなしいが、いったん爆発すると止まらないタイプである公務員の父は、普段は口数も少なく、温厚そうに見え、外での人望も厚い。しかし、外で抑圧しているからこそかもしれないが、家の中では、ほんのささいなことで爆発し、暴力をふるった。言い方が気に入らない、やり方が気に入らない、自分の思い通りにならないなど、本当にささいなことだった。特に酒が入ると、その危険性は倍増した。家族は「お父さんを怒らせないように」常に気をつかい、緊張状態を強いられた。今でも人の顔色を常にうかがってしまうのは、そのせいだと百合自身も気づいている。

父は、頑固で昔ながらの考えの人だった。女性に対しても同じで、「おしとやかな大和撫子」こそが本物の女性であるとの信念を強く持っている。男と対等に張り合おうとする女性、自己主張をする女性が大嫌いだった。よく「職場の○○は生意気で……」などと言っていたし、テレビでもそうした女性が出てくるとすぐに文句を言った。

当然、百合にもそのようなしつけを行った（百合には兄がいるが、兄に対しては父は放任的だった）。酔っぱらうと特に「女らしさ」とは何かということを切々と説き、「男を立てる」ことこそが女の役目だと言った。だから、父に対して自己主張するなど、もってのほかだった。自己主張すれば頬をひっぱたかれる。それは中学生の時に学んだ。父の言うことには黙って「はい」と従っていればいいのだ。

それで父はご機嫌だし、爆発の危険性が少しでも減るのが何よりだ。よく考えてみれば、母もまったく同じであった。もとからそうであったのか、父と暮らすうちにそうなっていったのかはわからないが。こうして百合は大学に合格して実家を出るまで、見事に「パパの王女様」

の役目を立派に果たしてきたのである。

百合がつきあっている彼（暴力をふるう彼）の性格は、父親とそっくりだ。普段はおとなしいこと、ささいなきっかけで暴力をふるうこと、男尊女卑的であること、何から何まで。

そして、自分と彼の関係も、自分と父の関係にそっくりである。彼の前ではただひたすらおとなしい女であり、彼の言うこと、やることに黙って従っている。彼が不機嫌そうなそぶりを見せ始めるだけで、心臓がドキドキして、もう何も言えなくなってしまうのである。

愛されるわけがない私——基本的信頼感の欠如

エリクソンという心理学者は、フロイトの精神分析理論を発展させ、「漸成的《ぜんせい》自我発達理論」を提唱した。

漸成とは一つの構造の上に別のものが順次構築されていくことを意味し、人の心は生涯にわたって八つの段階を経て発達していくことを、エリクソンは示したのである。前の段階における発達課題（その段階で解決・獲得しなければならないもの）をこなして、初めて次の段階に進むことができ、解決されなかった課題は「自我の未熟さ（maladjustment）」となって、望ましくない影響をいつまでも私たちに与え続けると考えるところが特徴的である。

その八つの発達段階の第一番目にくるのが「『基本的信頼感』対『基本的不信感』」と呼ばれる段階である。

基本的信頼感とは、自分自身、他者、自分自身が生きているこの世界は価値があり信頼できるものであるという感情である。愛や喜びなどポジティブな感情要素のもっとも根底にあるものということもできる。逆に、基本的不信感とは、自分自身・他者・世界に対する根木的な不信感のことである。

たとえば、「〇〇さんは嫌いだ、信頼できない」と特定の人に対する不信感を募らせるのは誰にでもあることだ。しかし、基本的不信感を持つ人は、自分も含めたこの世にいるほとんどすべての人を信頼することができない。この段階において基本的信頼感を獲得することができないと、基本的不信感を深層で抱えたまま残りの人生を送ることになる。

エリクソンは、基本的信頼感は、誕生から一歳半頃までの乳児期における、養育者（母親とは限らない）とのポジティブな相互作用によって身につくものであるとしている。だが、それは乳児期に限らないだろう。幼少期における親子関係、家族関係によって決まってくる部分も非常に大きいからである。たとえば、先に述べたような「機能不全家族」では、基本的信頼感を獲得しにくいことはいうまでもない。

この基本的信頼感がないと、自分自身を愛せない、ありのままの自分を受け容れられないということになる。すると、「私なんか価値のない人間だ、駄目な人間だ」「私が愛されるわけがない」「何か特別なことをしなければ私は愛してもらえない」……（この三つは相互関連している）との信念が深層心理の中で形成される。

これが「必要とされることを必要とする」「ひどい状況、ひどい相手でも我慢する」「常に目分を後回しにする」理由の一つになる。

「相手を放っておけない」ことや「ちょっとしたきっかけを拒絶のサインととらえたり、嫉妬や被害妄想が止められない」のは、根本的な部分で他者を愛し、信頼することができないからである（基本的不信感の影響）。

他者は信頼できない、信頼するとひどい目にあうと思っているから、他者を常に自分の手の中におさめておかねば不安になる。不信感があるから、そして自分には愛される価値がないと思っているから、ちょっとしたことをすぐに拒絶や裏切りの証拠として認識してしまうのである。

基本的不信感があると、何から何までネガティブに考える傾向が強くなる。恋愛も例外ではなく、「恋愛なんて、いいのは初めのうちだけ」「どうせ裏切られるに決まってる」「やさしい愛をそそいでくれる人なんて、いるわけがない」などと、恐れとも絶望とも怒りとも取れるようなネガティブな信念を恋愛に対して形成する。

すると、興味深いことに、人間の心理メカニズムとして、その信念の正しさを証明できるような相手・恋愛をあえて選ぶということが起こるのである。口では「つらい」と言っていても、深層心理では自分の信念の正しさが証明されて安心しているわけだ。自分でも気づかないうちに、自分の信念の正しさを証明しようとして、共依存的恋愛のサイクルに自ら飛び込み、抜け出そうとしなくなってしまう。

相手が「いい人」だとうまくいかない理由

「ヒモ男」ばかりをなぜかつかまえてしまうと嘆くケース2の博子だが、話をよく聞いてみると、そうした男性以外との恋愛経験は決して少なくはない。結局のところ、文句のつけようがあまりない男性との恋愛に限って、自ら別れを告げてしまうようなのだ。その最後のセリフが、「どうせ私のことなんかどうでもいいんでしょ！」なのである。相手に飽きた、他に好きな人ができた、この人とは合わないと思ったからなどの理由ではなく、「私をちゃんと愛してくれていない」という相手への不信感・不満感が爆発して終わるのである。

そのパターンを見てみると、やはり最初はハネムーン状態であり、「この人だったら、私のすべてを満たしてくれるに違いない」と、のぼせあがる。そして、もっと自分を愛してもらおう、この人が自分から離れていかないようにしようと努力する。相手が一人暮らしであれば、掃除、洗濯、食事など、かいがいしく世話をするし、悩みの相談などの精神的ケアも行う。相手のわがままも、がんばって聞き入れ、そんな自分にどこか満足感を覚えたりする。本人の言葉を借りれば、「尽くし抜く」のである。

だが、つきあって二、三カ月も経つと、しだいに不信感が芽生えてくる。「この人はもう私を愛していないのではないか」。その証拠というのも、「仕事が忙しいから今週は会えない」と言われたとか、「明日は飲み会があるから、メールも電話もしない」といった、普通で考えれば何でもないことだ。しかし、彼女にとってはそれは立派な「拒絶」や「浮気」の証拠の一つなのである。

興味深いのは、つきあい始めの頃では、こうしたことを言われても何とも思わないことだ。だが、数カ月経つと、どんなささいなことでもネガティブな証拠となってしまうのである。

この理由は明白だ。初めだけは「愛されている」という自信や実感が持てる、しかし、「自分は愛されるはずがない」と自分自身で思っているから、その自信や実感は決して長続きしない。

だから、「自分は愛されるはずがない」証拠を自分から探し求めてしまうのだ。そして、自分ではその深層心理のメカニズムに気づいていないため、「私がこんなにがんばっているのに、あなたはちっとも私を愛してくれないじゃない」とあたかもすべての原因が相手にあるかのように見えてしまうのである。

では、なぜ博子は「ヒモ男」だと長続きするのだろうか？

それは、「この男だったら、私のもとを離れないだろう」との安心感を持てるからである。文句のつけようがない相手であるほど、「いつか捨てられてしまうのではないか？」との不安感が強くなることは想像にかたくない。自分と相手との力関係を無意識的に推し量り、自分のほうが上だと思えれば安心できる。そうでないと、不安感から逃れたくて関係を絶ってしまう。基本的信頼感が欠如しているほど、そうした傾向は強くなるのである。

博子はなぜ自分自身や他者に対する根源的な愛を持てないのだろうか。話を聞く限りだが、それは博子の両親が非常に「完全主義的」であったことに大きな原因があると思われる。

まず、一般論として、完全主義的な親を持った子どもの例を挙げてみよう。

このタイプの親は子どもがどんなにがんばっても、どんなに優秀な成績をおさめても、「まだまだ十分ではない」「そんなことで満足してはいけない」と冷水を浴びせかける傾向にある。同時に、子どもの欠点や失敗を鋭く指摘して、「あなたって本当に駄目な子ね」とのメッセージを暗に伝えてしまうことも多い。そうすることで親は子どもの向上心に訴えかけようとしているのであろうが（親のセリフとしては「子どものためを思ってそうしている」がお決まりである）、少なくとも心理学的には子どもに大きな悪影響が及ぼされる。

たとえば、子どもは「がんばらなきゃ、もっと上を目指さなきゃ」との強迫的な向上心、「自分は駄目な人間だ」との劣等感、「どんなことをしても幸せが感じられない」との慢性的な不幸感を持って人生を生きていかねばならなくなる。完全主義的な親が心の中にいつまでも棲《す》み着いて、絶えず自分を非難しているのだ。

いわゆる「いい大学」や「いい会社」に入って、「いいポジション」につけたのも、両親のおかげだと博子は言う。ただし、皮肉っぽく、自嘲気味にだ。

博子の両親はともに教師であった。博子に対しても、教師であった。勉強のことから生活のことまで細かく注文をつけ、その期待通りになることを博子に要求したのである。その期待に逆らうことは許されなかった。本人によれば、強制というあからさまな形を取らず、「あなたのためにはそうしたほうがいいのよ」との形を取っており、「真綿で首を絞められる」ようで余計に苦しかったという。そしてまた、両親の期待に添えることもなかった。なぜなら、期待に応えることができたとホッとした瞬間、またさらに別な期待をかけられたからである。

このようにして、博子は自分自身を愛する（ありのままの自分を受け容れる）機会を与えられないまま、大人になったものと思われる。表面の姿、他者から見た姿とはまったく逆に、博子は自分自身についてコンプレックスを、嫌悪感を持っているのだ。また、博子の深層では、他者は常に自分に対して要求を突きつけてくる、恐ろしい存在として認識されているものと思われる。

こうした深層心理が原因となって、恋愛において、完璧な相手には両親の姿が投影され、どんなにがんばっても、愛してはもらえない悲しみや憤り、見捨てられるのではないかとの不安感でいっぱいになってしまう。だから、恋愛関係を続けることができない。一方、「駄目な人」だと、根本的な部分でやすらぎや安心感を覚えることができるのである。

一度きりの経験が生むトラウマ

以上、「分離・独立」「アダルトチルドレンと生き残るための役割」「基本的信頼感」といった視点から共依存や共依存的恋愛の深層心理に光を当ててきた。これらの要因が密接にからみ合っていることはおわかりいただけるだろう。たとえば、アダルトチルドレンを生む機能不全家族では、分離・独立の失敗が起こりやすいし、基本的信頼感の獲得が困難になるという相互関係があることは明白である。

こうした「親子関係」や「家族関係」による要因が圧倒的に大きな影響を与えるのは事実だが、それ以外の要因があることも付け加えておこう。たとえば、過去の恋愛経験である。

たとえ親子関係がうまくいっていて、基本的信頼感や分離・独立、身につけた役割に問題がないとしても、強烈な経験がそれらを悪い方向にひっくり返してしまうことがないとはいえない。

初めて愛を打ち明けた相手にひどいふられ方をした、互いに深く愛し合っていると思っていたのに相手はずっと浮気をしていたことが発覚した、これで一生幸せが続くと思ってした結婚が悲惨な結果に終わった……こうしたことがトラウマとなって尾を引いてしまうことがある。

一度限りの経験が、その人がこれまでの人生で積み上げてきたものを根底から変えてしまうことがあるのも事実なのだ。子ども時代などの「長きにわたる経験」の積み上げが大きな要因になりうることは当然だが、「一度の強烈な経験」が長きにわたって大きな影響を及ぼすケースがあることも付け加えておきたい。

脱出のための三つのキーワード

「共依存症を根本から治す」ことは、正直なところ、かなり困難な道のりである。本書や他の関連本を操り返し読み、理解し、覚え、自己分析し、そこに書いてあることを実践してみるとともに、カウンセラーなど他者からのサポートも必要となるだろう。長期戦を覚悟しなければならない。

しかし、こと「共依存的恋愛から抜け出す」という点に限っていえば、以下の三つのキーワードが必ず役に立つだろう。本章全体で述べてきたことを、「では、どうすればより幸福な恋愛へと向かえるのか」という点に絞って要約したと思っていただければよい。この三つの言葉を頭に叩き込み、自分を変え、少しでも苦しみから抜け出し、幸せをつかむための武器にしていただきたい。

安定

「性格を変えることは可能でしょうか?」との質問をよく受ける。答えは間違いなく「Yes」だ。およそ思春期までに性格の根本的な部分は決定されてしまうともいわれ、確かに歳をとればとるほど性格は固定化されていく。しかし、何歳になっても「もう変えられない」ということはない。

しかし、「性格を変えたいと思っているのに、変えられない」のが多くの人の実状だろう。

性格というのはその人が持つ行動パターンの集積であると定義できるのだが、あなたはこれまでずっとその行動パターンで人生を過ごしてきた。その行動パターンでここまで生きてくることができた。その行動パターンの一部によって、多少の不利益は被ってきたとしても、ここまで何とかやってこられたのだ。

だから、あなたは他の行動パターンを知らないし、他の行動パターンを試してみるのが怖いのである。なぜなら、深層心理では自分自身がその性格を変えたくないからだ。他の性格になるためにはどうしたらよいかわからないし、そうするのが怖い。これが、性格を変えたいと思っているのに、なかなか変えられない理由だ。「なんだかんだでここまでやってこれたじゃないか。今さら変える必要はないし、変えるのは危険だよね？」という心の声に説き伏せられるのである。

これを「共依存的恋愛パターンを抜け出したいと思っているのに、抜け出せない」にそのままあてはめてほしい。すると、答えはすぐに明らかになる。「深層心理では共依存的恋愛から抜け出たくないと思っている。でも、他の恋愛の形を知らないし、今までにないパターンの恋愛をするのが怖いから」である。

分離・独立の失敗や生き残るための役割についての話を思い起こしていただければわかるように、親子関係・家族関係の中で身につけてきた人との関わり方のパターン、自分が得意とする・自分が唯一知っている・慣れ親しんでいるので安心できる・一応は生き残ることを成功させたそのパターンを押し通そうとするのである。そのパターンの中にいる時に、あなたはもっとも「安定」できるのだ。

他の人から見れば「？」をつけざるを得ないような恋愛でも、あなたにとってはそれがもっとも安心できる愛の形なのだ。

表層意識では「こんな関係、早く抜け出したい」と思っていても、深層心理では「そうそう、これが私にとって一番安心できる関係なのよね」と思っていたりする。人からアドバイスを受けたり、テレビや雑誌を見て何か新しいことを始めたとしても、すぐに「やっぱり今のままでいいや」ともとに戻ってしまった経験は誰にでもあるだろう。また、「新しい店を開拓するのはいろいろ面倒くさい」という理由だけで、大してよくもないなじみの店についつい通ってしまうということがあるかもしれない。それと同じことなのだ。

実は、自分自身がつらい恋を望んでいた、自分にとってはつらい恋が一番安心できるものだったのだ。これを認めるのは非常に苦しいことである。しかし、それを認めることからすべてが始まるのである。

再挑戦

ケース4の健一が本当に救いたいのは「悩み苦しんでいる恋人」ではなく、「悩み苦しんでいる母親」だと先に述べた。子ども時代における自分と母親の関係を再現し、「今度こそはうまくやってみせる！」と、恋人に象徴された母親を救うとともに、自分の価値や力を証明したいのである。

あの時は母親を救うことはできなかった。それによって、無力感や罪悪感が自分の心の中にトラウマとして残ってしまった。だから、それを克服するためには、もう一度あの時、あの場面に戻り、今度こそ勝利する必要がある。そうして初めて、自分はやっと心の傷を癒すことができる！

過去（特に子ども時代の親子関係）の場面を再現したいという強い欲求のことを「反復強迫」と呼ぶ。それには前に挙げた「安定」の要因だけでなく、健一のように過去をやり直したい、過去の過ちを正したいという「再挑戦」の要因がある。誰にでも「再挑戦」への欲求はあるが、共依存症者の場合には、心の傷が大きいがゆえにその欲求も強迫的といえるほどに強いのである。

過去にやり残してしまったことという意味で、「未完の仕事（unfinished business）」という言葉が使われることもある。未完の仕事をやり遂げるために、わざわざ自分を苦しめたはずの親に似た相手、自分に苦しみを与えた過去の恋人に似た相手を選んでしまうのである。

たとえば、アルコール依存症の父親を持つ女性がいたとする。おそらく、父親のアルコールのせいで、家族が混乱状態に陥っていたり、子どもとして得られるはずであった父からの愛情も十分ではなかっただろう。すると、この女性がもっとも欲しているものは何なのか。それは父にお酒をやめさせ、家族に平和をもたらし、父からの愛情を十分に得ることなのである。

「お前たちに迷惑をかけて本当にすまなかったな。お父さん、お酒をきっぱりやめるよ。これからはお前たちを幸せにするからな」。この言葉が欲しいのだ。それこそが彼女の人生において、もっともやらなければならない本当の仕事なのだ。その仕事をやり遂げるためには、相手となる男性が「いい人」ではダメなのである。父と同じような人間でなければならないのだ。

しかし、親子関係やアダルトチルドレンの話で危険なのは、「そうか、親が諸悪の根源だったのか」と親への恨みや憎しみを募らせたり、「親のせいでこうなってしまったんだ」と過去や親子関係を自己憐憫《れんびん》の道具にしてしまうことである。だが、それではますますワナにはまっていくだけだ。心理的にさらに親に取りこまれ、より一層、親の影響を受け続けることになるからだ。「再挑戦」を放棄することが、幸せへの道なのである。

アッパー・リミット

「幸せに耐えられない」……この言葉に対しては、深く共鳴する人と、まったく理解できないという人に極端に分かれる。「人それぞれ耐えられる不幸のレベルがある」という話には誰もがうなずいてくれるが、「人それぞれ耐えられる幸福のレベルがある」という話に関してはそうではないのである。

非常に幸福な気分でいた時に、突然何かしら嫌な考えが浮かんできて、先ほどの幸福はどこへやら、との経験は誰にでもあるだろう。たとえば、お酒の席で楽しく騒いでいた瞬間に「こんなことしていていいんだろうか？」との考えが浮かんできて気分が沈んでしまったり、恋人と楽しくデートをしている時に「こんな幸せがいつまで続くんだろうか？」「こんなに幸せな分、後で大きな不幸が来ないだろうか？」と突然不安に襲われるような場合である。何事にも「波」というものがあるが、いい気分を長続きさせないようなプログラムが私たちの中には存在しているようなのである。

ゲイ・ヘンドリックス＆キャサリン・ヘンドリックスは『Conscious Loving: The Journey to Co-Commitment』（邦題『コンシャスラブ』片山陽子訳／春秋社）の中で、この、幸福（肯定的エネルギー）の増加を制限する心の作用のことを「アッパー・リミット」と呼んでいる。

つまり、幸せという気持ちが高まっていった時、その人のアッパー・リミットのレベルを超えてしまうと、その幸福感を下げるような働きが自然になされる（無意識的に自分から幸せを壊そうとする）ということである。恋愛であれば、楽しいデートの最中、突然ケンカをふっかけるようなことを言ってみたり、よい関係が築きあげられてきたまさにその時に、浮気をして関係を混乱させてしまうといったことである。

共依存症者は、このアッパー・リミットが低い人が多いだろう。自己否定感が強いために、自分が幸せであることが信じられなかったり、許せなかったり、怖くなってしまったりする。そのため、幸福な恋愛を自ら避けたり、自らの手で壊してしまうということが起こるのである。

それにプラスして、「つらい恋＝美しい恋」という図式が追い打ちをかける。小説、演劇、映画、ドラマ、歌詞……これらをはじめとして、社会的・文化的にこの図式が私たちの頭の中に強力に押し入ってくる。また、特に女性に対しては、「どんなに虐げられても、尽くし抜くのが女の美徳」という価値観も実はいまだに根強く残っているところがある。すると、恋愛で不幸のどん底に陥っているのに、どこか自己陶酔してしまうということが起こりうる。

自ら進んで不幸を甘受していないか、再点検してほしい。「しょせん、自分にはこの程度がふさわしい」「どうせ自分は幸せになれない」「むしろ、私は幸せになってはいけない人間だ」などとあきらめや絶望の気持ちとともに我慢していないか、自分に問いかけてみてほしい。もしそうだとしたら、なぜ自分は幸せになってはいけないのか、ぜひ考えてみてほしい。はたから見ればおかしくて理不尽な根拠や理由、他人から押し付けられた言葉や価値観、自らを檻に閉じこめるような自己抑圧が原因になっていたりしないだろうか？　そうしたものに負けてはいけない。

あなたは幸せになっていいのだ。「私は幸せになっていい」と自分に何度でも言い聞かせよう。自分が幸せになることを、自分が許してあげられるようになるまで何度でも。あなたの今の状況は私にはわからないが、きっと、そこまで苦しむ必要はないはずだ。

あなたは幸せになっていいのだ。

第3章

回避依存

——幸せになるのが怖い人たち

共依存症者を惹きつける人々

「ボクには五人の恋人がいるんですよ」

彼は自慢げに言った。

「それを知っている子もいれば、そうでない子もいます。でも、みんな、ボクが電話で『会いたい』って言えば、すぐに飛んできてくれる子たちばかりなんですよ」

二七歳の会社員。確かに、外見的に悪くはないが、「どちらかといえば」という程度である。その他何をとってもごく普通のサラリーマンといえよう。だが、彼が発している見えない空気、ある種の女性を虜にする独特の空気が、私にははっきりと感じ取れた……ああ、例のタイプだ。

それは私の友人が主催したパーティの席でのことであり、心理学者として話を聞く立場にあったわけではなかった。だから、よくある世間話として、話を続けることにした。

「五人の中で、本命っていうのはいるんですか？」

「いや、いないですよ。ボクは本命の彼女を作らない主義なんで」

「じゃあ、全員、本命みたいにつきあっているんですか？　大変じゃないですか？」

「全然そんなことないですよ。初めから『オレはべったりするのは嫌だ』とか『束縛されるのが一番嫌いだ』って言ってありますから。自分が好きな時に、好きなように会う。やっぱり、これでなくちゃ。それが駄目だというのなら、どんなにいい女だってお断りですよ」

「でも、それでもいいという女の人を見つけるのって、難しいんじゃないですか？」

「それが不思議なんですよ。たくさんいる……っていうか、ボクのほうに寄ってきやすいというか。自分でも『よくこんな自分勝手なやつを好きになる女がいるよな』って思ってるぐらいなのに。友達からは『お前の口説きは天才的だよ』とか『お前は悪魔だ』なんてからかわれるけど、自分ではよくわからない。とにかく、そういう相手を見つけるのに困らないことだけは確かですけどね」

謙遜の裏に隠されたどこか得意げな表情に、正直、私は嫌悪感を覚えた。興味深い話ではあっても、聞いていて気持ちのいいものではない。だから、「それはうらやましいなあ」との一言を残して、その場を素早く立ち去った。

本章では、共依存症者の相手となる人物（共依存者が強力に惹かれ、一緒に情熱的なダンスを踊り、だが結果的には苦しめられることになる、ある特徴を持ったお決まりの人物）の行動パターンや深層心理を探る。

「彼とこのまま続けていくのは苦しくて仕方がない。だけど、彼がいなくなるのも同じかそれ以上につらい」

こうした声をよく耳にする。この叫び声が心の中から聞こえてくるあなたには、特によく読んでいただきたい。

なお、本章では「苦しめられている側（共依存的傾向が強い者）＝女性、苦しめている側＝男性」という図式で話を進めている。これは何も恋愛ではいつでも男性が加害者、女性が被害者だといっているのではなく、共依存的恋愛においては後に述べる理由からこの図式の方が割合的に大きいと思われるため、また話をわかりやすくするためである。無論、逆の図式も成り立つことを随時念頭に置いて読んでいただきたい（年々、その傾向は増加しているように思われる）。

常に相手を支配したがる――独裁者

〔ケース5〕和宏（35歳 会社員）

「こんなに口うるさい人だとわかっていたら、結婚なんてしなかったわよ！」

結婚二年目になろうとする彼女は、このセリフを繰り返している。ため息まじり、愚痴まじり、心の中では後悔の念と夫に対する怒りの念、そして自分自身に対する怒りの念をためこみながら、唯一のはけ口として友人たちにこぼしているのである。

夫である和宏は何から何まで自分の思い通りにしなければ気のすまない人間だ。たとえば、ふとした時に、無言でテレビの上にそっと指を滑らせる。指に少しでもほこりがついていれば、目をつり上げて（しかもどこかほくそ笑みながら）「何だこれは？　お前、きちんと掃除しているのか？」と叱りつけられる。会計士よろしく、月に一度、家計簿を綿密にチェックされる。冗談かと思うような理由で、「浪費」を指摘されることも多い。コンビニエンスストアで牛乳を買った（スーパーで買うよりも数十円高くなる）だけで、無駄遣いをしたとなじられるのだ。これらを一例として、掃除の仕方、料理の献立・作り方、食べ方、しゃべり方、友人とのつきあい……何から何まで細かく口出しされるのである。心の休まる暇がない。

初めはただ神経質なだけだと思っていたが、まったくそうではないことがすぐに判明した。なぜなら、「自分自身のことはすべて棚に上げている」からである。自分では何もしない、何もできない、ただ文句を言っているだけ。「正しいのは自分、悪いのはお前」、ただそれが言いたいだけのようなのである。彼女が何をしようが、何を言おうが、結局、何かしら難癖をつけてくるのだ。万が一それに口答えしようものなら、家中のものを破壊されるか（彼女には直接暴力をふるわないが、皿を手当たりしだいに割ったり、椅子やテーブルを手荒にひっくり返したりする）、口を一切つぐんで酒を飲み出し、彼女が謝るまで口をきかなくなるのである。

確かに結婚前にもそうした兆候はあった。「こうしたほうがいい、ああしたほうがいい」と頼みもしないのに口を出してきた。反対意見を出すと、気分を害するようだった。人の気持ちを考えず、強引なところがあった。だが、それは「男らしさ」だと思っていた。やさしさ、そして私のことを大切に考えてくれているからだと思っていた。和宏は五つ年上だし、自分に比べれば、世間のことをよくわかっているのだと思っていた。自分はまったく勘違いしていた。なんて自分は愚かだったんだろう、後悔ばかりが先に立つ。

死ぬまでずっとこんな状態が？　……それを考えると絶望的になる。子どもができれば、子どもにも同じように口やかましくするだろう。いっそのこと離婚でも……いや、そんな「大それたこと」ができないのは、自分が一番よくわかっている。

まず、相手（あなた自身かもしれないが）に次のような傾向が見られないか、チェックしていただきたい。

チェックポイント

□何でも自分の思い通りに事が運ばないと、気がすまない。
□「ああしろ、こうしろ」と命令口調が多い（「こうしたほうがいい」というように、アドバイスの形になっていることもある）。

□彼の意見や行動を少しでも否定するようなことを言うと、急に怒ったり、黙り込んだりする。

□「お前は駄目な人間だ」とのニュアンスを漂わせる発言が多い。

□あなたの行動に常に監視の目を光らせている。

□あなたが何か新しいことを始めようとすると、「駄目だ」「やめておいたほうがいい」などとストップをかけようとする。

□「オレの言うことを聞かないと（オレのアドバイスに従わないと）、大変なことになるぞ」とのニュアンスを持つ発言が多い。

□身体的暴力または精神的暴力（たとえば、あなたの人格を否定するようなことを言う）に訴えようとすることがある。

□何でも、どんな時でも自分が常に正しいと思っているようだ。

□何をするにも彼の「許可」が必要だ。

自分が上、あなたが下になって、あなたを常に支配・コントロールしていなければ気がすまないのが「独裁者」タイプである。常に「正しいのは自分、間違っているのはお前」なので、何か問題が起これば、悪いのはすべてあなた。あなたはマリオネットの人形となって、独裁者の指の動きにいつも操られていなければならないのである。

この独裁者タイプには、「権力依存症（Power Addiction）」という言葉があてはめられることもある。ヒトラーをはじめとする独裁者よろしく、底なしに権力を追い求め、他人を支配することに最大の快感を覚える。もしくは、他人を支配していないと、心の安定が保てないという言い方もできる。一部の政治家や官僚、ワンマン主義的な経営者などを思い浮かべていただければわかりやすいだろう。そうした人々は「庶民」や「従業員」を支配することに喜びを覚える。それと同じく、独裁者タイプは「恋人」や「配偶者」に権力や支配を及ぼすことに取り憑かれている。

独裁者タイプが権力を握るやり方には二通りがある。一つは「身体的暴力」、もう一つは「精神的暴力」である。

身体的暴力とは、文字通り、殴る、蹴る、凶器を使うといったことで身体的に苦痛を与えることだ。相手に対する支配権を握るための非常に原始的なやり方である。暴力をふるわれるほうは、その恐ろしさから相手の言うことに黙って従わざるを得なくなる。「被虐待女性症候群」(battered woman syndrome) という言葉があるくらい、夫や恋人から身体的暴力を受けている女性は多い。たとえば、兵庫県尼崎市の調査（平成一二年「男女共同参画社会をめざした市民意識調査」）によれば、約五人に一人の女性が、配偶者や恋人などから、身体的な暴力を受けた経験があるという。イギリス（イングランドとウエールズ）においては、およそ三日に一回の割合で、女性が現在もしくは過去のパートナーによって殺害されているという報告もある。実は、精神的な暴力も含めた意味でのドメスティック・バイオレンスについては、男性が被害者になることも多いのだが、深刻な身体的暴力に関しては、女性が被害者になる割合のほうが世界的に見ても圧倒的に多い。

精神的暴力とは、主に言葉や態度（無言のメッセージ）によって精神的に苦痛を与えることである。身体的暴力をほのめかして相手を怖れおののかせる、「別れるぞ」「もう生活費は渡さないぞ」と不安感を与えるといった直接的なやり方もあれば、もっと間接的なやり方もある。

たとえば、「無価値化（invalidation）」と呼ばれるものである。「何だ、お前はそんなこともできないのか」「何だ、お前はそんなことも知らないのか」「そんなの、うまくいくわけがないだろ」「お前には無理だよ」「まったく、しょうがないやつだな」などの言葉により、何かにつけて相手の価値をおとしめる。言葉による虐待ともいえよう。その虐待を受ける者は、「自分はダメな人間だ」「悪いのは全部自分だ」と無意識のうちに自己否定感を募らせていく。独裁者タイプにとってはまさにそれこそが狙い目であり、相手に「自分はどうしようもない人間だから、誰かの支配を受けて当然だ」と思わせることで支配権を確立しようとするのである。

言葉に出さず、あえて「沈黙」という手段が採られることもある。相手が自分の言うことを聞かなかったり、気に入らないことをしたりすると、途端に押し黙るのである。もちろん、怒り心頭という表情、もしくは冷酷無比といった表情を浮かべながらだ。「オレは怒っているんだぞ」との無言のメッセージである。女性というのは、男性に比べると沈黙に慣れていない（電車やレストランの中など、街で男同士、女同士のグループを比べてみればすぐにわかる）。よって、沈黙は特に女性に精神的ダメージを大きく与える手段になりうるのである。

いずれにせよ、独裁者タイプは何らかの武器を使って相手に対する権力や支配権を握り、それを行使せずにはいられない。いつ何時であっても、どんな理由であろうとも、実際に相手が何をしようとも同じである。常に「オレがお前を支配する。お前は黙ってオレの言うことを聞け」なのである。

罪悪感に訴えて相手を利用する――搾取者

〔ケース6〕雅人（32歳 会社員）

「私の彼は、いわゆるヒモ男ではありません。ちゃんと働いているし、お給料もそこそこです。でも、なんか上手いというか、私がバカなのかもしれませんが、利用されている気がするんです。デートのときの食事代もほとんど私が払ってるし、数千円単位ですが、ちょこちょこ貸しているお金も返ってきません。お給料が私のほうが特別にいいわけでもないし、年齢だってほぼ同じです。結婚の話もちらほら出ることがありますが、こんな人と結婚しても大丈夫でしょうか？」

某企業でのセミナーのランチタイムに受けた相談だ。深刻度や危険度としては、前述の「独裁者タイプ」よりも低いものだが、恋人から「上手く利用されている」「搾取されている」という人は多い。悩んでいるという本人も、どこかで「甘えられている私」「甘えさせてあげている私」に酔っている部分もあるだけに、逆に、「まあ、そのくらいしょうがないか」で済ませてしまったりする。自分でもわかった上・納得した上で利用される、また、さほど大きな問題にならないレベルなら見過ごすこともできようが、同じパターンを繰り返してしまう人や、心理的に根深いものがある人は要注意だ。

その彼女に聞くところによると、三年前からつきあっている雅人という彼氏とは、いわゆる合コンで出会ったとのこと。特段に何か惹かれた部分があったわけではないが、話が上手で面白かったことから、食事の誘いになんとなくOKし、交際に至ったのだという。

彼女いわく、雅人は「とにかく上手い」。気がつくと、彼女はいつも雅人の要求を飲んでいることになるそうだ。

たとえば、こんな感じで丸め込まれるという。

「悪いんだけどさ、明日、カードの引き落としがあるんだよ。残高は大丈夫だけど、それを払うと小遣いがなくなっちゃうから、二万くらい貸してくれない？」

「無理だよ。この間だって、五〇〇〇円貸して、まだ返してくれてないでしょ」

「絶対返すよ。で、二万、いいでしょ？」

「いいでしょじゃなくて、なんでちゃんと計画的に使わないの？」

「会社の飲み会とかで、使っちゃうんだよ。しょうがないだろ、つきあいとかで行かなきゃいけないんだから。それくらいわかるだろ？」

「そりゃ、わかるけど」

「……（沈黙）。二万貸してくれないなら、生活がヤバイから、バイトでもしようかな」

「会社って、バイト禁止でしょ？」

「禁止だけど、しょうがないじゃん。お前が貸してくれないんだから。家賃とか食費とか、どうするんだよ」

「わかったよ。じゃあ貸すから、必ずこの間の五〇〇〇円とあわせて、来月中に返してよ」

「ありがとう！　恩に着るよ」

このように、文字で書き起こすと、読者の方も「この女、バカじゃないの!?」と思ったりもするだろう。ところが、これをリアルタイムで、相手が表情や雰囲気をコロコロと上手く変えながらやってしまったりすると、「気がつくと」要求を飲まされていることは多いものだ。そして、こうした「上手い人」にいつも引っかかってしまうようなタイプがいるものだ。

お金のゲットから、食事をおごってもらう、旅行代金はほとんど彼女持ち、はたまたセックスの要求まで、雅人は次々とほしいものを手に入れていくのである。

チェックポイント

□人にはあれこれと要求してくるくせに、こちらからの要求には耳を貸そうとしない。
□物を頼んでくる（お金、セックスなど）時だけは、急にやさしくなる。
□（あなた自身について）「私は利用されているだけなのかも……」と不安に思うことがある。
□要求を飲んだ時のやさしさ、要求を拒否した時の怒りや不機嫌さ、そのギャップが驚くほど大きい。
□こちらが要求を受け容れるまで、しつこくねちねちと責め続けてくる。
□「子どもっぽいわがままさ」が強くあると思う。

「独裁者」タイプがとにかく「支配すること」に重点をおくのに対し、この「搾取者」タイプは「利用すること」にもっとも大きな価値をおく。

一見、両者は似ているように見えるが、そこにもっとも大きな差異がある。「搾取者」は実利を相手から引き出そうとしているのである（お金であったり、身のまわりの世話であったり、セックスであったりする）。相手を支配するのは、そのほうがより実利をあげやすいからであって、「独裁者」のように実は実利という部分にはあまり関心がなく、「自分のほうが上だ」という心理的快感を求めているのとは大きく違うのである。

相手に要求を飲ませるために、搾取者は非常に巧妙な手口を使う。

ただ単に「お金を貸してくれよ」と要求を直接的に突きつけてきたり、「言うことを聞かなければ、お前の体がどうなるかわからないぞ」「言うことを聞かなければ、秘密を全部ばらすぞ」といった明確にわかる形での身体的・精神的暴力によって脅しをかけてくるのではなく、もっと微妙な、自分に対する相手の愛情や相手の心理的弱点を利用してくるのである。スーザン・フォワードはこれを「心理的恐喝（emotional blackmail）」と呼んでいる（『Emotional Blackmail』、邦題『ブラックメール：他人に心を操られない方法』亀井よし子訳／NHK出版）。

例をいくつか挙げてみよう。

「オレのことを思ってくれているなら、頼むよ」のように、「本当にオレのことを愛しているのなら……」式のセリフの後には、「〜してくれるはずだ」「〜してくれて当然だ」とのメッセージが続く。その裏には、「もしそうしないなら、お前はオレのことを愛していないということだな。だったら、こっちから見捨ててやるぞ」との脅しが隠されている。愛情を試しているふりをして、実は「言うことを聞かなければお前を罰してやるぞ」と脅しているのだ。

「お前が金を貸してくれないのなら、もう首を吊るしかないな」のように、「もし言うことを聞かないなら、お前のせいでオレは大変なことになるんだぞ」との脅しをかけることもある。自分を生《い》け贄《にえ》にするのである。直接的には相手に脅しをかけていない点で、前記のものより狡《こう》猾《かつ》といえる。罪悪感に訴えかけているのだ。

「ああ、なんでこんなにもすべてがうまくいかないんだ。いったいオレはどうすればいいんだ」というのは、一見自分の不幸を嘆いているようでいて、実は「ほら、だからお前はオレを助けなきゃいけないんだぞ」と無言で圧力をかけている。自分が悩み苦しんでいる姿（犠牲者の姿）をアピールし、愛情や罪悪感を刺激することで、無言の要求を通そうとするのである。

この場合、「では私はどうすればいいのか？」「この人のために私は何をしないといけないのか？」ということさえ、こちら側が自ら見つけださねばならない。要求がはっきりと口に出されることは決してないからである。「じゃあ、お金のほうは私が何とかするから。それで少しは楽になれる？」とこちらから聞かねばならず、しかも、結果的にこちら側の「自主的な行動」ということになる。そして、彼の悩みや苦しみは、一生終わることがなく、常に「彼を助けるため、彼の望みを叶えるための自主的な行動」を続けていかなければならないのである。

「キミさえ〜してくれれば、すべてがうまくいくよ」式のセリフは、報酬を目の前にちらつかせるやり方だ。表面的には脅しの形をまったく取っていないところがまた狡猾である。「たった一度くらいの浮気が何だっていうんだい？　キミがもうちょっと広い心を持ってくれさえすれば、すべて元通り幸せになれるのに……」という具合だ。裏を返せば、「お前がつまらないことで騒いでいるから悪いんだぞ」との脅しが隠されていることはすぐにわかるだろう。

「搾取者」の名前の通り、一方的に向こうは「利用する側」、こちらは「利用される側」である。向こうの願い事は聞かねばならないが、こちらの願い事はめったに聞き入れられない。向こうが得るものは大きいが、こちらの得るものは小さいかほとんどない。それどころか、失う一方だったりもする。そのアンバランスさが、健全な関係とは大きく異なるところだ。

健全な関係でも互いに要求をし合うが、お互いに得るもの、失うもののバランスが取れている。搾取者に対しては、こちらがどんなにがんばっても、終わりのない要求がいつまでも突きつけられてくるだけだ。しかも、要求を飲んだ見返りというのはほとんどなく、こちらが要求を飲んで当然ということになっている。せいぜい、見せかけの愛情ややさしさを一時的に得ることができるだけなのである。

自分の理想を押しつける――ナルシシスト

〔ケース7〕隆二（20歳 学生）

「はっきり言ってさあ、その服、あんまり似合わないよ。少なくともオレの趣味じゃないなあ」

恋人である隆二にこう言われ、彼女は恥ずかしさでいっぱいになった。同時に、「なんでこの人はこんなひどいことを平気で言うんだろう?」と悲しい気持ちになった。

彼は確かにかっこいい。服装のセンスもいい。音楽の趣味も、読んでる本の趣味もいい。彼とつきあっていることで友達からうらやましがられるし、実際、私にはもったいないと思う。でも、「彼に似合う女」を演じるのには、ほとほと疲れてしまった。つきあい始めてから、まだ一月《ひとつき》しか経っていないのに。正直なところ、彼は服装からふるまい方まで、何でも自分の趣味を押しつけようとしてくる。もちろん、彼の言っていることは正しいとは思うが、もう少し私の気持を考えてくれてもいいのではないか。私だって、一人の生きている人間なんだから。彼の理想に何から何まで合わせることはできないのだ。

いっそのこと、ふってくれればいいのに、と思うこともある。ショックだけど、ずっと楽になれそうな気がする。彼のお人形さんでいることをやめれば、きっと楽になれるだろう。彼を常に持ち上げていなければならないということも、しなくてすむようになるだろう。私のことをちゃんと認めてくれる人を探したほうがいいのではないか。

でも、自分から彼に別れを告げられないことはわかっている。「えー、なんで!?」「もったいない」とまわりから非難されるだろうし、私があの人をふるなんて……めっそうもない。私がもっとがんばればいいだけなのだ。

チェックポイント

- □「少年っぽい」ところがある。
- □ちょっとしたきっかけで、手のひらを返したように冷たくなることがある。
- □意識的にか無意識的にかはわからないが、人の気持ちを傷つけるようなことを平気で言う。
- □「理想」へのこだわりが強いように見える。
- □ナイーブである。
- □人の話を聞くよりも、自分の話をすることを好む。
- □「自分は特別な人間だ」というような発言をすることが多い。
- □「彼の好み」から少しでもはずれたことをすると、不平を言ったり不機嫌になったりする。

□自分（彼）をほめてくれる人には甘いが、少しでも批判したり欠点を指摘する人は徹底的に攻撃しようとする。

前章で述べた通り、人というのは、自分が全世界の中心であるというナルシシズムの段階から、親からの分離・独立の段階を経ることで、ナルシシズムから脱却する。もちろん、健全なパーソナリティのためには適度なナルシシズム（この場合、自尊感情や自己受容というほうが適切であるが）が必要である。「自分はこの世界において欠くべからざる一人の重要な人間である」という感覚と、「同じように、他者の一人ひとりもこの世界において欠くべからざる重要な人間である」という感覚のバランスが取れていることが大切なのである。

だが、ナルシシストは、いつまでも自己愛の世界にとどまっており、「自分は特別な人間である」との感覚ばかりが先にきて、「他者も特別な人間である」ことが認められない。よって、考えることは常に自分のことばかり、物事を見る時は自分の視点からしか見ることができない、物事が自分中心に進まないと気がすまないといったことが起こるのである。

性格の著しいかたよりのために本人あるいは他者および社会が何らかの悪影響を受ける場合を「人格障害（Personality Disorders）」と呼ぶ。そして、過剰な自己愛が原因になっているのが

「自己愛性人格障害（Narcissistic Disorder）」である。

前記のチェックポイントも参考にしていただきたいが、その特徴は、「空想または行動における誇大性」（たとえば、業績や才能を誇張する、十分な業績がないにもかかわらず優れていると認められることを期待するといった、自己の重要性に関する誇大な感覚など）、「賞賛されることへの過剰な欲求」、「共感性の欠如」（他人の気持ちおよび欲求を認識しようとしない、またはそれに気づこうとしないなど）であるといわれる。

犯罪精神医学や精神病理学の専門家である景山任佐氏は著書『「空虚な自己」の時代』（NHKブックス）の中で、過剰な自己愛が現代の精神病理の大きな一因となっていることを指摘している。現代ではモノがあふれ、大事に育てられ、過保護が目立つ家庭や社会では幼児の時から不満を知らず、自己愛が過剰になり、幼児的万能感からなかなか脱却できにくい時代になっているというのである。

それは、たとえば、「いじめ」や「見知らぬ他者に対する突発的な暴力」などにもつながっていくであろう。誤った形での「自分は特別な存在である」という感覚（だから何をしてもいい、相手は自分より「下」の人間だからという感覚）や、「共感性の欠如」（いじめられる者、暴力をふるわれる者の気持ちがわからない）が及ぼす悪影響である。ちなみに、コフートという心理学者は、ヒトラーも自己愛性人格障害であったと分析している。

以上述べた点は、ナルシシストが恋愛をする場合にもそのままあてはまる。すべて自分中心で物事を進めていこうとする、恋人からの過剰な賞讃を期待する（意見や批判をすることは許されない）、恋人の気持ちがわからない（そのため、傷つけるようなことを平気で言ったり、したりする）といったことである。

さらに、「理想の押しつけ」も大きな特徴である。

ナルシシストは「恋愛とはこうあるべき」「恋人はこうあるべき」との理想を強く描いている。もちろん、どんな人でも理想を描いてはいるが、ナルシシストの場合は、その理想が非常に高いと同時に、強迫的ともいえるほど柔軟性に欠け、しかも相手がその通りにしないと相手を強く非難するのである（普通は、自分や相手の実状に合わせて理想と現実に折り合いをつけていくものであるし、自分の理想と違うからと言って相手ばかりを強く責めるということはないだろう）。よって、ナルシシストの理想通りに相手が動いている場合はよいが（その時は非常にやさしい）、一歩でもそこからはずれた瞬間、強烈な非難や叱責が待っているのである。

このワナにはまると、「自分を捨ててでも、いつでも相手（ナルシシスト）の好みに合わせなければならない」という苦労や強迫観念を背負わされることになる。これでは、いくら恋人や配偶者が「まわりからうらやましがられる」ような人であったとしても、苦しくなってしまうだろう。自己否定感や無価値感、「相手の好みに合わせなければ」という強迫観念が募るばかりだからである。

ナルシシストというのは、一人相撲で恋愛をしているのである。一人で恋愛ドラマを作り、一人でそれを見て喜んでいる。相手は一人の生きた人間ではなく、自分の引き立て役、もしくは自分が作ったシナリオの通りに動くべきコマにすぎないのである。

愛が深まるほどに別れたくなる——脱走者

〔ケース8〕俊明（27歳 会社員）

「女っていうのは、なんでこんなにも束縛したがるものなんでしょうねえ？」

あきらめとも憤りともとれる表情で、俊明は私に尋ねてきた。普段は愚痴などめったにこぼさない彼だが、酔った勢いで珍しく本音をこぼしているようである。

「別に、恋人だからって、年がら年中一緒にいることはないじゃないですか。自分一人の時間を持つことって、大切だと思うんですよね。それなのに、今度の週末はどこに行こう、何をしよう、昨日はどこに行ってたの、何をしてたのってうるさいんですよ。あと、こうしてほしい、ああしてほしい、こんなことで悩んでるとか、そんなことを押しつけるなって言いたい。もう息がつまりそうですよ」

これは三カ月前からつきあい出した恋人に対する言葉である。しかし、「女というのはみんなそうだ」という。

「つきあい初めはいいんですけどね。つきあっていくうちにだんだん、束縛が強くなってくるんですよ。いや、もちろん、僕はこういう性格だから、束縛しなさそうな子を選んでるつもりなんですけど。でも、やっぱりダメなんですよね。それで息がつまりそうになって、別れるんです。別れるというより、逃げ出すというほうが正しいかも」

聞けば、いつも三カ月くらいが限度だという。それで、自分から別れを告げるのだ。

「理由はちゃんと言いますよ。一人になりたいからだって。嘘じゃないですから。でも、相手にとっては、青天の霹靂《へきれき》っていう感じみたいです。『やっとこれからだ』という時だと思っていたのに、なんでだって」

私は言った。

「そりゃ、そうだろうねえ。向こうにしてみれば理由がさっぱりわからないでしょ」

「確かに悪いことをしているとは思うんですよ。でも、束縛さえしなきゃいいのに。女の束縛ってどうにかならないもんですかねえ」

俊明というのは私が大学時代から仲よくしている後輩で、「恋愛のことで相談がある」というから今日はやってきたのだった。だから私も本音を言った。

「それは相手の女性に問題があるんじゃない。君に問題があるんだよ」

チェックポイント

□「束縛」を過剰に嫌がる。
□何かを要求すると、「君はわがままだ」「君には欲求が多すぎるよ」といった反応が返ってくることが多い。
□「自由でいたい」という意味の発言をよくする。
□普段（あなたと一緒ではない時）どんなことをしているか、教えるのを嫌がる。
□一人でいることが好きなようだ。
□（あなた自身について）あなたが近づこうとすればするほど、彼は遠くに離れていってしまうような気がする。
□本心をなかなか話そうとしない。
□悩みや深刻な問題について話そうとすると、話題を変えようとしたり、「面倒だ」というそぶりを見せたり、嫌な顔をしたりする。

カップルセラピーの専門家であるソーニャ・ロウズとマーリン・S・ポタッシュは、女性からの激しい求愛や要求を前にすると、怖《お》じけついて足がすくんでしまい、一目散で逃げ出していく男性が増えていることを指摘し、「逃げ腰症候群」と命名した（『Cold Feet: Why men don't commit』、邦題『逃げ腰症候群』翻訳工房「とも」訳／新水社）。昔のように経済的に女性を養うことではなく、女性と精神的に結びつくことが要求される現代、それなのにそうした訓練を男性が受けることはいまだにほとんどないこの時代にあっては、程度の差こそあれ、誰でもこの病気を患っているという。

キーワードは（女性もしくは恋愛から）「逃避」と「避難」である。通常であれば、愛が深まるにつれてより互いの距離が縮まっていくところを、こうした男性たちは愛が深まれば深まるほど、また相手からの求愛を受ければ受けるほど相手との距離をおこうと必死になる。自分が望む距離がどうしても保てないものとあきらめた時、彼らは一気に極端な手段に出やすい。電話に出ない、メールを返さない、居場所を教えないといったことや、突然に別れを告げるということもある。

「自由」や「束縛」は彼らがよく口にする言葉である。

「束縛されるのは嫌だ。とにかく自由でいたい」、それがこのタイプの心の叫びだ。「一人になりたい」「放っておいてほしい」との言い方もよくする。「一定の距離をおいてくれ。それ以上は踏みこんでくるな」という明確なメッセージを発しているのである。

無論、誰でも自由でいたいし、過剰に束縛されるのは嫌だろう（「束縛されたい」「束縛してくれなければいやだ」という人も少なからずいるようだが）。しかし、「脱走者」タイプは、その自由の求め方や束縛への嫌悪・恐怖が過剰なのである。「自由でいなくてはならない。束縛されたらすべてが終わりだ」との強迫観念にとらわれているかのようだ。過剰な自己防衛をしているのである。

たとえば、「今日は何してたの？」という恋人からの何気ない一言。脱走者は、これだけで「束縛の証拠」にしてしまうことがある。「何をしていたかを教えること＝行動がすべて管理されること」につなげて考えてしまうのだ。「来週の日曜はあけておいて」、これは「行動の自由が奪われる」恐ろしい機会ととらえられてしまう。

強い求愛、「あなたにもっと近づきたいわ」というサインは、束縛だけでなく、さらに「飲みこまれるような恐怖感」へとつながる。悩みや相談事をされるのを嫌うのは、相手の抱える問題の中へと自分が引きずりこまれ、そこから抜け出ることができないという感覚に陥るからである。何気ない相談事でも、「あなたには私の問題を解決する義務があるのよ」と言われているかのようにとらえてしまうのだ。

おわかりのように、脱走者たちが束縛や自由の喪失であるととらえる証拠というのは、彼らが単にそうとらえているだけであって、客観的にはまったくそうでない場合が多い。たとえば、恋人から「来週の日曜はあけておいてね」と言われたら、うれしい気持ちになる人も多いだろう。たとえ「面倒だ」「他の予定を入れたかったのに」と思ったとしても、少なくとも、それすなわち「束縛だ。オレの自由を奪う気だ」ということにはならないだろう。つまり、束縛や自由の喪失というのは、脱走者の中にある心理的なものであって、実状とイコールなわけではない。暗闇でおびえている子どもが、どんなものを見てもお化けだと思ってしまうのと同じく、束縛や自由の喪失を過剰に恐れているからこそ、あらゆるものがそれらの証拠に見えてしまうだけなのである。

女性側から見ると、愛すれば愛するほど、彼はどんどん遠くのほうに離れていってしまうような気にさせられる。「愛が深まってきた」と確信できるようになったまさにその瞬間に突然「一人になりたいんだ。別れてくれ」との言葉が襲ってくることもある。そして女性はこう思うのだ。「私のせい？　私が何か悪いことをしてしまったのかしら？」。そして男性はこう思うのだ。「ちゃんと距離をおいてくれれば、こんなことにはならなかったのに。君のせいだぞ」。

自分に原因があると少しでも気づいている男性は、「またやってしまった」「相手に悪いことをしてしまった」と思うだろう。そうでない男性は「お前のせいだからな」と責任をすべて相手や「女性というもの」に押しつけ、身勝手な憤りを覚えるのである。

適度な壁が作れない

以上、共依存症者のパートナーとなりやすい四つのタイプについて見てきた。それぞれ固有の特徴があり、それぞれに差異がある。だが、多かれ少なかれ複数のタイプの特徴を同時に有していることが常である。それは、実はこの四つのタイプに共通する大きな特徴があるからだ。その特徴とはずばり、「恋人との親密な関係を避ける」ということだ。心休まる、温かで、愛情に満ちた関係……ほとんどの人が理想的と考えるこうした人間関係に関して、意図的・非意図的に背を向けるのである。背を向けるどころか、一目散に走って逃げることもある。

たとえば、「独裁者」は支配―服従の権力関係、「搾取者」は損か得かの利害関係、「ナルシスト」は物として相手を扱う関係、「脱走者」は大きな距離を置いた他人としての関係においてのみ、パートナーと結びつくことができる。こうした関係が「親密さ（intimacy）」とかけ離れていることはいうまでもない。

親密な人間関係を避けるという共通要因から、「回避依存（Avoidance Addiction）」としてこれら四つのタイプをまとめることができる。回避依存の傾向は、恋愛だけでなく、子どもとの関係、親との関係、友人との関係、仕事仲間との関係など、あらゆる人間関係で認められる。

とにかく、親密な人間関係を避ける、親密な人間関係から逃げるのである。

回避依存を理解するためには、「壁（wall もしくは boundary）」という比喩《ひゆ》を用いるのがいいだろう。

私たちは自分と他人との間に心理的な境界線、すなわち壁を作っている。どのような壁を作るか……高いものか低いものか、鉄でできているのか木でできているのかには個人差がある。たとえば、内向性の人は高くて固い壁を作りがちであるし、外向性の人は逆に低くて柔らかい壁を作りがちである（兄弟姉妹が多いなど大勢の人間の中で育ってきたような人もそうである）。

無論、相手によっても変わる。初対面の人や嫌いな人であれば高くて固い壁を作るであろうし、恋人や親しい友人ならばその逆だろう。自分を守るため・自分というものを保つため、また相手にもそれを可能にさせるためには壁は必要であり、私たちは壁の高さや固さをうまく調整しつつ、人間関係を進行させているのである。

ところが、回避依存者の場合、その壁はあまりに高く、あまりに固い。彼らのまわりにはいつでも鋼鉄の壁が張りめぐらされているようであり、壁の向こう側を見ることも、そこに入りこむこともできない。四つのタイプそれぞれで説明したように、壁の作り方はさまざまであるし、また、「恋愛以外の他のことにエネルギーをそそぐ」という単純な手段が用いられることもある。たとえば、趣味や仕事、アルコールやギャンブルなどに過度のエネルギーをそそいだり、浮気や同時進行の複数恋愛をすることで、一人のパートナーと深く結びつくことを避けようとするような力学が働くことも多い。

ちなみに、共依存症者の場合には、その壁があまりにももろい（回避依存者のまったく逆）ために、自分とパートナーとの心理的境界線がまったくなくなってしまうところが問題なのである。回避依存症者の場合には「近づくな」（回避したい）という欲求が、共依存症者の場合には「近づきたい」（融合したい）という欲求がそれぞれ過剰だといえる。健全な愛情関係に見られる、「適度な壁」がないのである。

では、多くの人が理想として望んでいる親密な関係を、なぜ回避依存症者たちはあえて避けようとするのであろうか？　三つの要因から分析を行ってみよう。

怖い父親との同一視――モデリング

独裁者タイプであるケース5の和宏。妻である彼女は、なぜ和宏がこのような性格になったのか、一瞬にして悟ったという。

「結婚してから、初めて彼の実家に数日間泊まった時のことです。彼の普段の行動が、お父さんそっくりなことに驚きました。ああしろ、こうしろって、まるで殿様みたいにお母さんに命令していて、お母さんは黙ってそれに従っていました。『ああ、これか』って愕然としましたよ」

観察によって他人の行動様式を身につけるメカニズムを、心理学では「モデリング(modeling)」と呼ぶ。親とそっくりの行動様式を持つ場合、それは親を対象としたモデリングの影響と考えることができる(モデリングの対象は、家族以外にも、友人、教師、テレビに登場する人物などいろいろある)。

たとえば、和宏のように、父親が「独裁者」タイプで、家族に対して常に高圧的だったとしよう。ああしろ、こうしろ、これはダメだ、あれはダメだ……父親は王様のごとく家族の中に君臨する。すると息子はその様子を見て、「父とはこうあるべきもの」「男とはこうあるべきもの」「女性に対しては(父が母に対するのと同じように)こうふるまうもの」「こうすれば自分の要求を通すことができるもの」と知らず知らずに学習してしまう。和宏は父親のことをあまり好きではないと彼女にこぼしているらしいが、「そんな独裁者タイプの父が嫌いだった」という場合でも、モデリングは確実に行われているので、無意識のうちに父と同じような行動をしているということは多い。

モデリングの概念は四つのタイプすべてにあてはまるが、「独裁者」タイプでは違う力学が働いていることもある。それは「同一視(identification)」のメカニズムによるものである。

独裁者タイプの父親が怖かった、自分も、母親もびくびくしていた。その恐怖感が今でも残っている。すると、父と自分を同一視し、自分がその恐怖の対象であった父親になることによって、恐怖感を何とか克服しようとすることが起こるのである。たとえば、ある連続殺人犯は、必ず被害者の顔を水の中に突っこみ、窒息させるという方法で殺していた。実は、自分が幼いころ、同じようなことを親にされていたのである。恐怖を克服しようとする時、自分がその恐怖の対象となろうとする（恐怖の対象と自分を同一視する）傾向が人間には存在するのだ。

「父親が怖くて仕方がなかった。だが、気づいてみると、自分もその怖い父親そっくりになっていた」という場合には、モデリングと同一視の両方のメカニズムが働いていることが考えられるのである。

また、「父親が怖かった」という場合、モデリングの他にも、父親から自分を守ってくれなかった母親に対する怒り、常に被害者の役割を甘んじて受け入れていた母親に対する怒りから、女性に対してひどい扱いをするという「懲罰《ちょうばつ》的行動」を、その女性を象徴的親として行うという力学が働いていることもある。ただし、これは快楽殺人犯のプロファイリングにおいてよく指摘されることであり、かなり極端な例である。

過保護・身代わり・虐待の影響――母親

今度は、母親の影響という面から分析を行ってみよう。

まず、過保護の母親の場合である。

このような母親は、本来息子が自分でやるべきことをすべて肩代わりしてやってしまう。すると、「搾取者」タイプや「ナルシシスト」タイプができあがることになる。「何でも自分の思い通りになるはずだ」「女の人は何でも自分の言うことを聞いてくれるのだ（そして、そうでなければならない）」と学習してしまうからである。

たとえば、相手が搾取者タイプで困っているという、ある女性の話だ。彼女が彼氏の母親に会ったとき、二五歳の彼がまるで小学生の子どものようであったことに愕然としたそうだ。母親の前での彼の行動は、二五歳であるにもかかわらず、まさに子どもそのもの。「あれをして、これをして」と甘えた口調で言い、母親は喜んでそれに従う。自分が母親の代わりをさせられていることがよくわかったという。

「だらしのない子ですが、どうぞよろしくお願いしますね」と言われた時は、「小学生でもあるまいし」と寒気がした。自分が言うのも何だが、「もっとしっかりしつけてくださいよ！」

と憤りさえ覚えたそうだ。

次は「息子を、親・夫・恋人代わりにする」母親である。

前章の健一（ケース4）の例を思い出していただきたい。そのような母親のもとでは、息子は「母親を幸せにする」という役割を無理やりに押しつけられる。母が苦しんでいるのは自分の責任であり、母を救えるのは自分しかいないと感じる。すると、一つには健一のように「今度こそはお母さんを救ってみせる！」という再挑戦を他の女性を象徴的親にして繰り返していく場合（共依存）につながる。これについては前章で詳しく説明した。

だが、実は、道のりは一つだけではない。自分に対してそうした無理難題を押しつけてきた母、どんなにがんばってもゴールにはたどり着けず、罪悪感や挫折感ばかりを生じさせるゲームに無理やり自分を参加させた母を憎むようになる場合があるのだ。その怒りや憎しみが、女性への懲罰的行動となってあらわれるのである。「独裁者」タイプがこうして生まれることがある。

また、女性からの引きこもり、すなわち「脱走者」タイプを生む場合もある。

息子が守るべき独自の心理的・生活的領域にずけずけと足を踏み入れる母親、いつでも、どんなことにでも口を出してくる母親、勝ち目のないゲームに無理やり引きずり込む母親……このような母親のもとで、子どもは窒息しそうな状態、体中を鎖でがんじがらめにされているような状態に陥ってしまう。すると、大人になって、女性が近づいてくるとその時の恐怖感が鮮明に甦ってくる。「もう二度と檻の中には入れられたくない！」、そう思って（少なくとも心理的には）逃げ出していくことになる。

「脱走者」タイプが恋人から悩み事や深刻な問題を持ち出されると過剰に反応するのは、「もうそんなゲームにオレを引きこむのはやめてくれ！」と本来であれば母親に向けるべき悲痛な叫び声をあげているからなのである。

「脱走者」タイプであるケース8の俊明がそうだ。私は彼のことも、彼の母親のこともよく知っているが、このメカニズムによって彼が「脱走者」タイプになったことは間違いないと感じている。俊明は明らかに母親に押しつぶされそうになってきたのだ。だが、健一は共依存への道を、俊明は回避依存への道を進むことになった。始発駅は同じであるが、両者は正反対の方向の列車に乗ったのである。

押しつけられた男らしさ・女らしさ――社会的・文化的要因

「共依存＝女性、回避依存＝男性」という図式でカップルが成立する確率が高いのには理由がある。社会的・文化的に仕組まれたワナの存在である。

伝統的な意味でのいわゆる「男らしさ」を思い浮かべていただきたい。本章で挙げてきたような回避依存の傾向を男性が持つことは、(少なくとも女性がそのような傾向を持つことに比べれば)どこか魅力的に、どこか望ましく、少なくともステレオタイプ像と合致しているので「理解しやすいもの」として私たちの目に映りやすいのである。

その理由は簡単だ。映画、ドラマ、小説、マンガ、音楽……こうしたメディアを通して、私たちは男性が女性を支配すること、利用すること、振り回すこと、これが「男らしさ」であると学習してしまうからである。メディアにおけるこうした男性像は、決まってどこか魅力的に描かれているものなのだ。こうして男性が回避依存傾向を持つことが社会的・文化的に促進され、正当化される。「男というのはこういうものなのだ」「こうあるべきなのだ」、そして自分が回避依存傾向にある場合は「これでいいのだ」との信念が深層で形成されるのである。

また、特に我が国においては、「男＝仕事、女＝家庭」との役割分担が強固であるがゆえ、パートナーとの関係が「経済力による支配―服従関係」にすり替えられてしまうことも必然的に起こる。夫は外で働き、妻は家庭で専業主婦。こうした家庭において、「誰が食わせてやってると思ってるんだ」「お前は働きもせずにぶらぶらと……」「オレがいなけりゃお前たちなんて……」などと、自分がお金を稼いでいることを権力の拠《よ》りどころとし、その権力を妻や子どもに振りかざす光景はおなじみのものだろう。

それ以外で関係を築く方法を知らない、それはよくないと思っているが実際にはどうしたらいいかわからないという男性も多いと思われるが、経済力を唯一の「きずな」にすることにより、またそれによって支配─服従関係を形成することにより、親密な関係を巧みに避けている男性も多いのである。さらに、経済力を持ち出さずとも、「女は黙って男に従うもの」という男尊女卑の概念を利用して、支配─服従関係を築こうとする男性もいるだろう。育った家庭環境がこうしたものであれば、モデリングによってさらにこの傾向は強まる。

さらに、しつけや教育という面で見てみよう。男の子には独立すること、人に頼らず生きていくことができるようになることが期待されるものである。すなわち、他者と距離をおくように初めから運命づけられているのだ。よって、男性は密接な距離で人間関係を築くことに慣れていない。慣れていないから怖い。「脱走者」タイプがもっともわかりやすいが、どのタイプにおいても、「親密な関係が怖いから、それを避ける」という心理が働いているのである。育った家庭環境において、親密さや心休まる愛情を経験していない者ほど、さらにその傾向は強まる。

一方、女性はどうだろうか。すべてこの逆である。

メディアでは「尽くす女」が美しく描かれる（ただし、これについては最近はずいぶんと変わってきているが）。「耐える女」も「自己犠牲の女」も賞讃される。相も変わらず、仕事面、経済面で女性は不利な状況にあり、男性への従属を余儀なくされている面がある。

また、男性の逆で、女性は他者との関係の中で生きるようにしつけられ、教育される。「みんなと仲よく一緒にやりなさい」「みんなに好かれるようになりなさい」と望まれるのだ。娘が「一匹狼」になることを望む親は少ないだろう。自分を後回しにして他者に尽くすこと、従属の地位に甘んじること、そして他者と心理的に融合すること、まさに共依存的傾向を女性に望む背景が社会的・文化的に整っているのである。

なぜ共依存症者と回避依存症者はダンスを踊るのか

本章では、「共依存症者のパートナーとなる人物」という文脈で、回避依存について述べている。わざわざそう断っているのは、前章でも繰り返し述べたように、それだけ魔法のごとく互いが引き寄せられるからである。二者がそろわないと、ドラマは始まらないのだ。共依存症者同士の恋愛（その場合、極端な心理的融合が起こるだろう）、回避依存症者同士の恋愛（その場合、お互いに極端に距離をおこうとするだろう）ももちろんあるのだが、圧倒的に多いのがやはり「共依存＋回避依存」の組み合わせなのである。

互いが互いをパートナーとして選ぶ、その神秘的ともいえる深層心理を探ってみよう。

まず、前章で述べた「安定」と「再挑戦」である。

安定

共依存症の女性の父親に多いのが、「冷たくて、厳しい」父や、「まったくかまってくれない」父である。これはそのまま回避依存の男性の特徴にあてはまるのではないだろうか。一方、先に述べたように、回避依存症の男性の母親に多いのが、「何でも自分の言うことを聞いてくれる」母や、「男性に虐げられる哀れな母」「悩み苦しんでおり、その助けを求めている」母である。これはそのまま共依存の女性の特徴にあてはまる。

慣れ親しんできたものを見るのだから、出会った瞬間、すぐに相手がそれだとわかるだろう。過去から積み上げられてきた記憶が投影されるから、「ずっと昔から知っていたような気がする」（よって、「運命の出会い」だと感じる）だろう。そうして、互いが一瞬にして惹きつけられるのである。これが「安定」によるメカニズムだ。

再挑戦

そして、同時に、「再挑戦」のチャンスが訪れる。

子どもの時に受けたあの傷（愛を受け取ることができなかった、ひどい扱いをされた、認めてもらえなかった）、人生でやらなければならない最重要課題、勝利をおさめれば、その時こそすべてが解決する。こうして、互いが互いを相手として（互いを絶好の相手として）、再挑戦を行おうとするのである。

だが、そうして最初のうちは、一気に情熱的、熱狂的な関係へと突入するものの、しだいにほころびが見えてくる。共依存症者は「もっともっと愛してほしい」「もっともっと一体になりたい」と渇望するのに、満たされることはなく、悩み苦しむ。同時に、回避依存症者は（そんな共依存症者の様子を見ることも手伝って）「逃げたい」「親密にならずにすむように何とか相手をうまくコントロールしたい」と思うようになってくる。

そう、互いに過去のあの痛みが再び襲ってくるのである。

その痛みから逃げようと、ますます共依存症者は回避依存症者に近づこうとしたり（束縛しようとしたり）、尽くすことで愛を得ようとする。回避依存症者はますます逃げようとしたり、支配・利用することで相手を「非人間化」「モノ化」しようとする。この悪循環こそ、共依存的恋愛の悲劇なのである。互いが互いを再挑戦の相手として選び、勝ち目のない、終わることのない闘いに身を投じるのである。

深層心理

ケース5の和宏（独裁者タイプ）とケース8の俊明（脱走者タイプ）の行動を思い出していただきたい。彼らの行動や言動は、一見すると、できるだけパートナーから離れよう、離れたいという願望があるように思えるものばかりだ。だが、実は、そうした表面的部分とはまったく裏腹な行動も二人はとっているのである。

たとえば、和宏の場合、いつものように非常にささいなことで妻をなじったある日、いつもだったらおとなしく謝る妻が、その日に限って烈火のごとく反抗し、友人の家へと素早く立ち去ってしまったことがあった。

妻が家を出てからおよそ一時間後、和宏は妻が行きそうなあらゆる場所へ電話をかけ続けた。やっとのことで居場所がわかった時、彼は泣いて謝り、しおらしい姿で妻を迎えにいったのである。

俊明の場合はこうだ。彼は恋人からの電話やデートの誘いは「束縛」だととらえるにもかかわらず、自分が電話したのに恋人が出なかった場合、自分がデートに誘ったのに断られた場合は、悲しみとも憤りとも取れるような複雑な感情にとらわれ、恋人を責めるのである。

こうした二人の不可解な行動の裏にあるのが、「回避依存症者は『捨てられる』ことを極度に恐れている」という事実である。

これは今まで述べてきたことと矛盾しているように感じるかもしれないが、そうではない。表面的な意識としては、「親密になる」ことを恐れている。だが、深層心理ではまったく逆で、「捨てられる」ことを非常に恐れている。捨てられることを恐れているから、親密になることを避けるのである。

和宏のような独裁者タイプの例でいえば、捨てられるのが怖いからこそ、常に相手を自分の支配下においていないと不安になるのだ。支配していないと、逃げられるという恐れを持っているからである。俊明のような脱走者タイプの例でいえば、捨てられるのが怖いからこそ、自分から先に逃げていくのだ。捨てられる恐怖感が強すぎて、過剰な自己防衛を行っているのである。

一方、共依存症者は表面の意識では「捨てられる」ことを恐れているが、深層心理では「親密になる」ことを恐れている。回避依存のまったく逆である。表面的には「捨てられないためには何でもする」ように見えるが、深層心理はそうではない。前章の「安定」や「アッパー・リミット」のところで述べたように、親密で心休まる愛情関係に慣れていないため、また幸福という状態に慣れていないために、もし実際にそのようなチャンスが訪れると、怖くて仕方がなくなってしまうのである。だから、巧みに（無意識のうちに）親密さを実現してくれそうな相手を避けてしまう。

こうして、表層意識と深層心理の妙により、共依存症者と回避依存症者の求めるものが互いにぴたりと一致する。回避依存症者は親密な関係にならずにすみ、同時に捨てられないですむ。共依存症者は捨てられないですみ、同時に親密な関係にならずにすむ。

なぜ共依存症者が回避依存症者から離れていないのか（本当に親密さがほしいのなら違う相手をさっさと探すはずであるし、回避依存症者が本当に「改心」するとまったく興味を失ってしまうケースが多い）、なぜ回避依存症者が共依存症者から離れていかないのか（共依存症者が離れようとすると、手のひらを返したようにやさしくしたりして、必死になってつなぎとめようとするものである）、その大きな理由がここにある。

間欠強化

「強化（reinforcement）」とはある行動に対して何らかの報酬（お金などの物理的なものから、ほめ言葉などの精神的なものまである）を与えることである。なかでも、何かをするたびに毎回報酬を与えるのが「連続強化」、時々報酬を与えるのが「間欠強化」である。たとえば、あるボタンを押すと必ずお金がもらえるというのであれば連続強化、パチンコのようにたまに大当たりが出るというのであれば間欠強化となる。

通常、強化を与えれば、その行動は増える（ボタンを押せば必ずお金がもらえるのであれば、ずっとボタンを押し続けるだろう）。逆に、強化が与えられなければ、その行動は減っていく（ボタンを押してもお金が出てこなくなれば、いずれボタンを押すのをやめるだろう）。

しかしながら、その行動に報酬が与えられなくなった場合、連続強化と間欠強化を比べると、間欠強化のほうがその行動が減っていくペースが緩《ゆる》やかなのである。つまり、ボタンを押すとたまにお金が出てきていた場合のほうが、いつでもお金が出てきていた場合よりも、（ボタンを押してもお金が出ないようにした時）ボタンを押すという行動が長続きするのである。

この間欠強化が、共依存症者が回避依存症者から離れられなくなる原因の一つになっている。

たとえば、ケース６の雅人（搾取者タイプ）は、彼女が自分の要求を飲んでくれた時には、これでもかというくらいのやさしさを見せる。満面の笑顔、感謝にあふれた目つきで「愛している」「お前が一番だ」などと言いながら、彼女を抱きしめるのだ。

彼女のほうも、それが彼の手だということはわかっている。だが、わかっていても、あの無邪気に喜んでいる様子、気恥ずかしくなるような愛の言葉、やさしい言葉の魅力にはあらがえない。普段はそうした行動をほとんど示してくれない分、その喜びがまた大きいのだ。彼女は「雅人の要求を飲む＝愛を与えてもらえる」という図式によって、知らず知らずに雅人の要求を飲むよう強化されているのである。

ケース7の隆二（ナルシシストタイプ）も同じだ。隆二の理想と少しでも異なると彼女は責め立てられるが、理想に沿っている時は彼女をお姫様のように扱ってくれる。

たとえば、隆二に勧められた美容室に行き、これもまた隆二に勧められた服を着てパーティに出かけた時は、本当にこれが隆二かと思うほどの賞讃の嵐をあびせてくれた。いつもは友人に「オレの彼女」だと紹介してくれたことはあまりないのに、その日に限っては積極的に「愛しい恋人」として皆に紹介されたのである。これも「隆二の理想に合わせる＝認めてもらえる、愛してもらえる」と強化されていることに他ならない。

共依存的恋愛に対しては、はたからは「なんでそんなにつらいことばかりなのに、耐えていられるのか」と不思議に思えることが多いだろう。だが、こうした間欠強化のメカニズムのおかげで、そのたった少しの報酬でも、それを心の拠りどころとして関係を続けていくことができてしまうものなのである。ごくたまに見せるやさしさ、また、言うことを聞いてあげた時だけに見せられるやさしさが報酬になり、強化をされてしまうのだ。

しかも、「コントラストの原理」により、普段が冷たいだけに、そのやさしさが何倍にも見えてしまうというオマケまでついている。回避依存症者は、こうしたメカニズムを意識的・無意識的にわかっているのであろう。

代理満足

和宏（ケース5・独裁者タイプ）の妻は、和宏の行動について、「ある意味、うらやましいと思うこともある」という。前章で登場した百合（ケース3）も、暴力をふるう彼に対して、「一度でいいから、私もああいうふうに爆発してみたい」とため息混じりに語ったことがある。

怒りをストレートに発散させること、権力をふりかざすこと、人に命令すること、自己主張をすること……伝統的、社会・文化的に、こうした行動は「女らしくない」「女性には望ましくない」とされ、女性に対して厳しい抑制がなされてきた。それゆえ、こうした「男らしさ」に憧れのような感情を持つ女性は少なくない。

「男の人のように、好きな時に大声で怒鳴ってみたい」「取っ組み合いのケンカをしてみたい」「偉そうに人に命令してみたい」などの願望を持つ女性や、「自己主張できない自分」に対するコンプレックスが強い女性が多いことがそれを示している。

すると、こうした心理から、特に独裁者タイプのような男性に惹かれるということが起こる。自分の密かな願望を体現してくれるため、それによって満足感が得られたり、コンプレックスが解消されたような気になれるからである。すなわち、「代理満足」のメカニズムが働いているのだ。独裁者タイプのパートナーに対して、恐れや不満を持ちつつも、どこか魅力や憧れのようなものを感じてしまい、そのために離れられなくなっている女性は少なくないのである。

逆に、共依存的傾向にあるような弱くて傷つきやすい女性に独裁者タイプが強く惹かれてしまうのも、自分の心の中に隠している「弱さ」や「傷つきやすさ」を体現してくれるからであるとの理由も成り立つ。

先述の深層心理のメカニズムと同じく、「需要と供給」がうまくマッチするのである。

脱出は行動から

もしあなた自身が回避依存症であるのなら、そしてそこから抜け出したいと思うのなら、本章で述べられているような自分の行動パターンおよびその裏にある深層心理をふまえたうえで、前章や最終章に書かれている処方箋を参考にしていただきたい。

なぜなら、たとえ表面的にはまったく逆のように見えても、その基底にあるものは同じだからである。適切とはいえない「壁」を作り、強迫的・妄想的になりながら、そして過去や深層心理の中に抑圧された怒りや恐れ、欲望にとらわれながら、不健全な人間関係を形成しているのだ。その点で恋愛依存症の他のタイプと同じなのである（実際、母親に対しては共依存的行動をとるが、恋人に対しては回避依存的行動をとるという男性は少なくない）。

食べすぎであろうと、食べなさすぎであろうと、「食べるという行為に取り憑かれている」との意味で摂食障害（eating disorder）という名の下に、神経性無食欲症（いわゆる拒食症、Anorexia Nervosa）と神経性大食症（いわゆる過食症、Bulimia Nervosa）が位置づけられるのと同じく、回避依存も「強迫的に回避する」との意味で「恋愛という人間関係に取り憑かれている」のである。私が恋愛依存症の下位タイプとして回避依存を位置づけているのは、そのためなのである。

だが、もし今までの自分を強く反省する気持ちになったとしても、過剰に自分を責めたり、過剰に相手に謝ったりするのはひとまずやめておこう。自分を責めすぎるとさらなる悪循環を招くことになりかねないし（罪悪感や自己評価の低さが恋愛にマイナスの影響を及ぼすことは本書で繰り返し述べられている）、謝ってばかりいても仕方がない。それよりも先にあなたにはやるべきことがある。それは「行動を変える」ことである。

「ごめん、オレが悪かったよ。今まで傷つけてきてごめんな」と言うことも大切かもしれないが、それよりも先にその気持ちを行動で示すことだ。なぜなら、「ひどい扱いをする↓相手が責める、離れていこうとする↓謝る↓変わることを誓う↓しばらくは平和が訪れる↓だがまたもとの状態に……」とのパターンがあまりにも多いからである。

口でいくら謝っても、口でいくら変わると誓ってもダメなのだ。行動で示し続けなければならない。それは相手のためでもあるし、あなた自身が変わるためでもある。それができた時に、初めて、口で言えばいいのである。この順番を間違えてはならない。

決断のための五つのポイント

さて、今度はあなたが回避依存症者のパートナーだったとしよう。もしそうなら、次の五つの点について考えていただきたい。そして決断していただきたい……去るのか、このまま我慢するのか、改善のための努力をするのか？　それはあなた自身が決めるべきことである。

①いつものパターン…それでいいのか？

あなたと彼、きっといつも同じことを繰り返しているのではないだろうか。そして、あなたはきっといつも同じ気持ちを味わっていることだろう。恐怖、絶望、怒り、悲しみ、猜疑心、罪悪感、無力感、自己嫌悪、欲求不満、孤独……こうしたネガティブな感情にあなたはいつもさいなまれているはずだ。

自分に問いかけてほしい。「それでいいのか？」と。「あなたは本当にそれでいいの？　本当にそれで幸せなの？」と親が子どもにやさしく問いかけるようにだ。すぐには答えが出てこないだろう。それに、今この瞬間は「いや、ダメ」と思ったとしても、次の瞬間には「やっぱりこれでいい」と揺れ動くこともあるだろう。「これが本当の自分の気持ちだ」と納得がいくまで、自分に問いかけ続けることである。そしてその時には、「いつかきっと変わってくれるわよ」「大した問題じゃないわよ」などと現実を歪めてはいけない。つらいかもしれないが、現実をありのままに見つめたうえで、自分に問いかけてほしいのだ。

②どうして引きつけられるのか？

友人はいうに及ばず、あなた自身、きっとどこかで「別れるべきなのでは？」と思っていることだろう。だが、それがわかっていたとしても、どこかで「やっぱり別れられない」と思っていることだろう。そのはざまで苦しんでいるはずだ。

では、どうしてそのはざまから抜け出ることができないのか。どうしてそのようなはざまにわざわざ自分を陥れてしまうような相手を選んでしまうのか。これらについては、前章および本章で十分に述べてきたつもりである。

その魔法ともいえるようなメカニズムをしっかり認識してほしい。自分の心の奥にあるものをしっかりと見つめてほしい。運や偶然の力ではなく、そこには理由があるのだ。あなたが事の行方を決めている。それはあなたが悪いと言っているのではなく、あなた自らが選び取る力があるということだ。すなわち、あとはあなたの選択しだいだということなのである。

③まず変わるべきは「彼」か、「自分」か？

「彼さえ変わってくれれば……」、もしくは「彼のここさえ直ってくれれば……」はお決まりのセリフの一つである。恋愛依存症に限らず、人というのは、自分にも問題の責任の一端があることはなかなか認めたくないものだ。

彼の回避依存的行動を黙認する、あるいは助長するような行動をしていることはないだろうか。たとえば、自分はまったく悪くもないのに謝ったり、無理な要求を飲んでしまったとしたら、「そういうあなたの行動は、私にとってOKなんですよ」とのメッセージを無意識のうちに伝えていることに他ならない。子どもを甘やかせば甘やかすほど、どんどん要求がつり上がっていくメカニズムと同じである。

しつこく繰り返すが、これはあなたが悪いと言っているのではない。ただ、彼の思い通りに(彼の都合のいいように)、あなたが動いてしまっているというだけだ。だから、いつものあなたの行動パターンを変えれば、何かが変わるということなのである。

「相手ではなく、まずあなたから変わること」は人間関係改善のための鉄則である。人というのは自分の行動パターンを変えるのを嫌がるものだし、何より相手のせいにしているほうが楽である。また、特に恋愛依存症の場合には、過去や深層心理で決定されてしまう強力な行動パターンがあるので、それを変えるのは容易ではない。

しかし、「あなたが変わって、初めて彼を変えることができる」ことだけはしっかり覚えておいてほしい。自分は何も変わろうとせず、彼だけを変えようとするのは無理である。自分を変える気がまったくないのなら、黙って去るか、このまま我慢するかの二者択一しかない。

④自分をいじめたいのか、幸せにしたいのか？

これは非常に根源的な問いである。「自分をいじめたい人なんていない」と思いたいところだが、現実はまったくその逆だ。その人と恋愛をしていることで、どう考えても自分をいじめているとしか思えないケースは非常に多いのだ。

ここでは、それを「マゾヒズム」であるとか「自己懲罰願望」であると議論する気はない。そうではなく、「当たり前のこと」をあなたに認めてほしいだけなのである。一人の人間としての当たり前のこと……怒鳴り散らされない、恐怖に怯《おび》えさせられない、搾取されない、行動をがんじがらめに規定されない、そしてやさしく、愛を持って接してもらう……これは一人の人間として幸せな気持ちで日々暮らすための当然の権利である。もしかしたら、あなたはこんな当たり前の権利を自ら放棄してしまっているということはないだろうか。

⑤どこまでなら許せるのか？

「がんばって、改善のための努力をしてみよう」と思った場合、また結論は持ち越そうと決めた場合、まずやるべきは「どこまでなら許せるのか」、自分で限界ラインを決めることである。

願わくば、悪いところすべてがなくなってほしい、ガラリと変わってほしい。そうした期待を持つのは当然だ。しかし、それは無理だとひとまず考えておこう。共依存症者は「私の力で彼を変えてみせる！」のワナにはまりやすい。確かに、根本的に変わることは不可能だとはいえないが、とりあえずそれはできないと思っておいたほうが、近道を進むことができるのだ。

それよりも、「ここまでなら許すし我慢するが、それ以上は絶対にダメ。それを越えたら必ず別れる」と固く決意するのである。

「私の欠点を口で指摘するくらいはいいけど、暴力をふるうのは絶対にダメ」「一度でも浮気をしたらアウト」「貸すのは月に一万円まで。来月に返さなかったら、二度と貸さない」といった具合だ。相手に対して、言葉と態度と行動ではっきりとそれを示そう。

そして、もっとも重要なのはその誓いを実行に移すことである。相手が約束や限界ラインを破ったら、即刻別れる、少なくともしばらくは相手との距離を大きくおくことが必要になる。そうしないと、相手に「口ではあんなふうに言ってるけど、結局大丈夫なんだ」と思わせてしまい、行動や要求がエスカレートする一方になりかねない。だが、きっぱりと制限を設けておけば、少なくとも、今より状況が悪化するということはないのである。

同情してはいけない

最後に念のためお断りしておきたいが、本章の内容から（特に回避依存症の心理的メカニズムの部分で）「やっぱりかわいそうな人なんだわ！」と同情したり、「私の愛の力で変えてみせるわ！」などとチャレンジ精神をかき立てられないでいただきたい。冗談のようだが、回避依存についての話をすると、こうした反応が返ってくることが実際に多いのである。

また、「社会病質者（sociopath）」といって、他人をひどく虐待したり利用することにまったく罪悪感を感じない、むしろそれを快楽の源にするというタイプの人間がいる。行動パターンそのものは回避依存と似ているものの、子どもやパートナーを病院送りにしたりと、その度合いは比べものにならない。そうした人々が世の中にいることも、頭の片隅においていただきたい。同様に、相手から深刻な虐待を受けているような場合には、「深層心理が……」などと言う前に、関連諸機関や相談所などに出向き、即刻何らかの手を打つべきであることを固くお断りしておきたい。

第4章

ロマンス依存

――愛の刺激にはまる人たち

このストーリーに何を感じるか

「これ、私が作ったんだけど、どうかしら？」

鮮やかなブルーベリー・ソースがかかった自家製アイスクリームをふるまいながら、真理子は恥ずかしそうに語り始めた。三二歳で結婚三年目、結婚と同時にある大手企業を退職し、専業主婦として社宅住まい。温和な笑顔をいつも絶やさない、誰からも好かれるタイプの女性である。

「剛とは同期入社だったの。だから、入社した時から彼のことはよく知ってたわ。でも、つきあいだしたのは、入社してから三年目。それまでは、いいお友達という感じ。向こうはそうじゃなかったみたいだけど（笑）」

真理子とは学生時代からの友人なので、紅茶をすすりながら私も遠慮なく尋ねていく。

「それで、どうしてつきあうようになったの？　きっかけは？」

「三年目になると、ウチの会社ではリクルーターをやるのね。で、リクルーターの集まりが毎晩のようにあって、剛とご飯を食べたり、一緒に帰ることが多くなった。そのうち、なんとなく自然の流れで、デートを始めたというわけ」

「どんなつきあいだったの？」

「え？　別に特別なことはないわ。週末デートで、ドライブに行ったり、映画を見たり、あと二人ともフレンチが好きだから、フレンチレストランはけっこう食べ歩いたわね。新婚旅行もフランスだったのよ」

「じゃあ、結婚のきっかけは？？」

「つきあって二年ぐらいになるから、お互いにもうそろそろかなあって。私もずっと仕事を続ける気はなかったし、剛は仕事から帰ると奥さんがお帰りなさいって出迎えてくれるのが夢みたいだったし。二人とも家庭的なのね。結婚は暗黙の了解みたいなものだったんじゃないかしら。プロポーズの言葉も『そろそろ結婚しようか』で終わりなのよ。私も『そうだね』で終わったけど。みんな、こんなものなのかしら？」

「そんなものなのかもね。旦那さんってどんな人？」

「いい人よ。何も文句はないわ。あ、でも、家事はもうちょっとしてほしいわね。最近太ってきたから、ダイエットもしてほしいわ。お酒もほどほどだし、テニスが趣味だから、いいんじゃないかな。友達みたいな感じで、うまくいってるわよ」

「ほんとに何の問題もないの？」

「また、心理学をやってるからって、すぐに疑うんだから。そりゃあ、ちょっとしたことだったらいっぱいあるけど、大きなことは特にないわ」

「そういうものかなあ。じゃあ、今幸せなんだね」

「うん、もちろん幸せよ。剛と結婚して本当に良かったと思う」

この後、私は二人の結婚式や新婚旅行のビデオを見ながら、結婚生活や旦那さんのことについていろいろと語り合った。そこにはうらやましいほどの「平凡な幸福」があった。普段、真理子は家事をしたり近所の奥さんたちとのつきあいをしながら、趣味の料理にいそしんでいる。新しい料理にチャレンジして、近所におすそわけしたり、剛に食べてもらうのが楽しみだ。平和で楽しい毎日。週末にはテニスやドライブ旅行に剛と一緒に出かける。もうそろそろ子どももほしいかなと思う、今日この頃である。

ストーリーを作り替える

正直なところ、真理子のストーリーを読んだ時、あなたは次のように感じたのではないだろうか?

「退屈」「つまらない」「物足りない」「え、これで終わり?」「なんでこんなものをわざわざ本に載せるの!?」「本当はこの先に何かがあるのではないのか?」。

　では、今度はこのようにストーリーを作り替えてみたらどうだろう。

『真理子には本当は片思いの男性がいた。しかも、その男性というのは、同じく同期入社の剛の親友だったのである。しかし、その男性には学生時代からつきあっていて、結婚も間近である彼女がいた。別れる可能性はほとんどない。真理子はつらかった。告白したい、でも、自分に振り向いてくれる望みはない。告白しなければ、このままよき友人としてつきあっていけるだろう。真理子は彼のことを忘れるために、剛からのプロポーズをＯＫしたのである。剛はそのことを知る由《よし》もない。だが、真理子の脳裏には常に彼の姿ばかり浮かんでいるのである……』

『実は剛はある財閥企業の社長の息子であった。いずれはその会社を継ぐことになっているが、勉強のためにほかの会社にあえて就職したのである。一方、真理子の家はごくごく普通の家庭であった。剛が御曹司《おんぞうし》であることが発覚した時、真理子は「身分違い」だと身を引こうとした。しかし、剛の熱烈なラブコールを受けて、ついに決心したのである。だが、いざ結婚してみると、やはり剛の両親や親戚たちの目は厳しかった。何かにつけて真理子をなじり、「お前はこの家にふさわしくないのだ」ということを、思い知らせようとしたのである。剛の愛だけが真理子の支えだった。しかし、ある時……』

『真理子の穏やかな笑顔の裏には、とんでもない悪女の顔が隠されていたのである。現在、真理子には二人の「彼氏」がいる。一人は学生時代につきあっていた元彼氏。一人は会社員時代に不倫していた七歳年下の大学生だ。それぞれ、週に一回会うことになっている。結婚したからといって、他の男と遊べなくなるなんて耐えられない。むしろ、結婚しているからこそ、ちょっとした「息抜き」が必要なんだと思う。剛のことはもちろん愛している。家事もしっかりやっているし、絶対にばれないようにしているから大丈夫だ。そもそも、剛が私を疑うなんてことはないだろう。自分でも悪い女だと思うが、仕方がない』

さて、どうだろう。今度は先ほどよりもあなたの興味を強く引くことができたのではないだろうか。

しかし、そもそもなぜ冒頭の真理子のストーリーを「退屈」だと思ってしまうのか。なぜ「本に載せるに値《あたい》しない」と考えてしまうのか。なぜ、「この先にきっと何かあるはず」と期待せずにはいられないのか。真理子は幸せな恋愛をし、幸せな結婚をし、幸せな生活を送っているはずなのに……。真理子のストーリーのどこに非があるというのだろう？

愛とは何か

その問題について深く研究していくために、まずは、「そもそも『愛』とは何だろうか？」

との根源的な問いに目を向けてみたい。

古くから数々の作家、哲学者、心理学者たちは、愛をいくつかのタイプに分類することによって、その非常に厳しい疑問に答えようとしてきた。一例を挙げると、フランスの作家スタンダールは、①情熱恋愛（一目惚れをはじめとする激しい恋愛）、②趣味恋愛（遊び半分の恋愛）、生理的恋愛（生理的欲求による強い恋愛）、④虚栄的恋愛（見栄や虚栄心による恋愛）の四つに恋愛を分類している。

ルービンという心理学者は「恋愛（愛している）」と「好意（好き）」という観点からの区別を行った。好意は相手に対する尊敬の念や高い評価といった感情が中心となっているのに対し、恋愛では「いつでも一緒にいたい」といった親和的感情や「独り占めしたい」といった排他性・独占欲求が中心になっているという。

ハトフィールドとウォルスターという心理学者は、喜びと苦しみが入り交じった強烈な感情を伴う「情熱的な愛」と、友情と思いやり、理解といったどちらかといえば穏やかな感情を伴う「友情的な愛」に分類した。

さらに、心理学者リーは、四〇〇〇以上にもなる恋愛に関する幾多の記述を集め、それらを六つのタイプに分類した。①ルダス（遊びの愛）、②マニア（狂気的な愛）、③プラグマ（実理的な愛）、④エロス（美への愛）、⑤ストルジュ（友情的な愛）、⑥アガペ（愛他的な愛）である。

このように一口に「愛」（ここではさらに、いわゆる「恋愛」に的《まと》を絞っているが）といっても、実にさまざまな形、要素があることが再確認していただけるだろう。お酒や食事の席、コーヒーや紅茶を飲みながらの軽いおしゃべり、ネットの掲示板……などなど、あらゆる場面で恋愛が話題になる。そこでは、恋愛というものに対するある程度の共通認識のもとに、お互いに語り合い、理解し合うことができる、しかしながら、話がどうしてもかみ合わない（相手の行動が理解できない、アドバイスをしても通じない、自分の気持ちがわかってもらえないなど）こともしばしばだろう。それは、一人ひとり、恋愛に対する考え方が微妙に、時には根本的に異なるからである。たとえば、「情熱的なセックスこそ愛のすべてを物語る」と考える人もいれば、「肉体を離れたプラトニックな関係こそが本当の愛である」と考える人もいるのである。

すなわち、恋愛に対して求めているもの、恋愛をうまく成就《じょうじゅ》させるためにはこうあるべきであるという自分なりのルールや規範、これこそ最高の恋愛であるという理想や願望、逆にそうした恋愛に対する期待の裏にある恐れなどが、一人ひとり異なっているのである。そうした「個人による恋愛観の違い」を実感するためには、たとえばこんな質問を自分自身や友人たちにぶつけてみるとよい。

Q：あなたなら、次の「……」の部分にどのような言葉を入れるだろうか？　深く考えず、直感的に浮かんでくる答えによく耳を傾けていただきたい。

「愛とは……である」

「愛されるためには……が必要である」

「……がなければ愛とはいえない」

「恋愛でもっとも大切なのは……である」

「愛とはまるで……のようなものだ」

「私が誰かを好きになる時の一番の条件は、彼（彼女）が……である」


これらは「文章完成法テスト（Sentence Completion Test、略してSCT）」と呼ばれる心理テストを応用してみたものである。

通常は「私は……」「もし私が……」などの未完成の文章（「刺激文」と呼ばれる）が用いられ、空白の部分を被験者に埋めてもらうことにより、その人のパーソナリティ、自己像、価値観などを探っていく。ここでは、「……」の部分に入れた言葉から、あなたの恋愛観をうかがい知ることが可能である。

たとえば、「愛とは……である」という冒頭の質問に対する答えを見ただけでも、実にさまざまである。

①「愛とは、『私の人生でもっとも大切なもの』である」(19歳、女性)
②「愛とは、『人間にとって一番大事なもの』である」(25歳、男性)
③「愛とは、『人間を思いやる心』である」(24歳、女性)
④「愛とは、『自分を犠牲にしてでも、相手を幸せにしようとする気持ち』である」(30歳、男性)
⑤「愛とは、『偽善って感じがする』ものである」(20歳、男性)
⑥「愛とは、『あてにならないもの』である」(26歳、女性)

この質問に対する答えは、私の経験上、大きく三つに分類することが可能である。

第一は、右記の①や②のように「『愛』至上主義」とでもいえるもので、とにかく「愛こそがすべてだ」というように何ものにもまして愛にもっとも価値をおくタイプだ。

このタイプは宗教的にとまではいかないまでも、家族的なバックグラウンドや教育的なものなどから非常に純粋に愛を崇高なものとしてとらえる人と、逆に愛に傷ついているがゆえに(それゆえ愛を強く求めているがゆえに)本当の愛は素晴らしいものだと強く信じている(信じたい)人の両極端に分かれる傾向があるところが興味深い。

第二は、③や④のように「分析型」とでもいえるもので、感情や価値観を交えずに、冷静・客観的に、「愛とは何ぞや?」と定義を試みようとするタイプだ。いわば哲学者タイプである。

このタイプには、我を忘れて愛にのめりこんでしまうというよりは、恋愛をしていてもどこか客観的な自分がいつもいるという感じの人が多いようだ、たとえば、相手とのつきあいを振り返り、「これでいいんだろうか?」「相手を幸せにしてあげられているだろうか?」などと考えるのである。しかし、実は「恋愛にのめりこむのが怖い」という深層心理があるがゆえに、表面では愛を過剰に客観視している場合もある。

第三は、⑤や⑥のように、「愛への恐れ」が表面に出てくるタイプである。

「偽善」や「あてにならない」という言葉の裏には、「本当は愛を信じたい。でも、信じられない。信じるのが怖い」という心理がある。よって、実は第一の「『愛』至上主義」タイプと根本にあるものは同じなのだが、こちらは愛を信じるのが怖いがゆえに、表面的にはまったく逆の言葉が出てくるのである。親子関係、過去の恋愛経験、またはマスコミなどの影響などが考えられるが、愛に対してとにかく一種の「自己防衛」をはりめぐらせているといえよう。「愛なんて……」とあらかじめ悲観的に考えておけば、あとで大きく傷つくことがなくなるだろうとの心理である。

刺激的な愛だけを求める人々

さて、愛にはさまざまな形や要素があることを再認識していただけただろうか。その上で真理子のストーリーに戻ろう。

多くの人が冒頭のストーリーを退屈だと思ってしまう理由、それはこのストーリーに「刺激」や「興奮」の要素が欠けているからに他ならない。「情熱」や「波瀾万丈」などの言葉でもいいかもしれない。スタンダールのいう「情熱恋愛」やリーのいう「マニア（狂気的な愛）」といった要素が入っておらず、ハトフィールドらのいう穏やかな「友情的な愛」のみが真理子のストーリーには含まれているのだ。だから、すべてがそつなくまとまりすぎて、面白みが感じられない。真理子が幸せなのはそれで結構、「でもそれじゃ面白くないでしょ!?」というのが私たちの正直な感想なのである。

一方、私が作り替えたストーリーには「ドラマ」がある。

身を引き裂くような苦しみや悲しみ、微妙な駆け引き、生まれ変わりのシンデレラ・ストーリー、押し寄せる情熱的な愛、決して明かされてはならない嘘や秘密、夫の目を盗んで行う禁断のセックス……こうしたものは、私たちの心臓をドキドキさせ、脳をとろけさせるような快感をもたらすのである。

「穏やかで平凡な恋愛」と「危険に満ちた波瀾万丈の恋愛」、どちらをテーマとした映画を見たいかと問われれば、ほとんどの人が即座に後者を選ぶだろう。だが、自分が実際に体験するとなったらどうだろうか。今度は迷いが生じるのではないだろうか。「危険な恋もしてみたいけど、それも怖い。やはり小さな幸せのほうが……。でも、一度くらいは……」などと思いをめぐらすのが、一般的なところであると思う。

しかし、何の躊躇もなく後者を選び、実際にそうした恋ばかりを何度も何度も繰り返し体験している人たちがいる。穏やかで平凡な恋などには見向きもしないし、まったく満足感も得られない。それが本章のテーマとなる「ロマンス依存（Romance Addiction）」なのである。

「ロマンス」とはもともと、伝奇小説および空想的文学のことであり、空想の世界で繰り広げられていく、波乱に満ちた冒険・恋愛・英雄物語を意味している。

現在、一般的には、ロマンスもしくはロマンチックといえば、恋愛のことを指すという点では異なるが、「空想の世界」「波瀾万丈」という点は、非常に重要なポイントである。ロマンス依存に陥っている人の恋愛は、ファンタジーの世界で進行し、現実を忘れさせてくれるような甘くとろけるストーリーを伴うものでなければならず、同時に、危険や冒険に満ち満ちた波瀾万丈の展開が待ち受けていなければならないのだ。刺激、興奮、情熱、危険、波乱……身がよじれ、頭がどうにかなってしまいそうなぐらいの、激しい感情の起伏が伴わないとダメなのである。強いロマンスの要素があるかないか、そこが出発点であり終着駅なのである。

恋愛依存症の他のタイプに比べると、ロマンス依存は「どのくらいその人を苦しめるか」という点ではやや軽いと思われるものの、その分、もっとも数が多く、もっとも「誰もが陥りやすい危険性」をはらんでいるとも考えられる。あなたにもそうした傾向がないか、さっそく次のテストでチェックしてみよう。

チェックポイント

□友人の恋人を奪いたいと思ったことがある。もしくは実際に奪った経験がある。
□すでに恋人がいる人や既婚者を好きになりやすい。
□自分に好意を寄せてくれている人には興味が持てない。
□自分が「追いかけている」うちはいいが、相手が自分を好きになってくれた途端に興味を失ってしまう。
□不倫をしたことがある。
□（あなたが思うところの）身分違いの人、外国人など、『自分とは違う世界にいる人』との恋に憧れる。

□周囲や親の反対、倫理や法律的な問題など、「障害」が大きいほど逆に燃え上がる。
□一目惚れなど、あっという間に恋に落ちることが多い。
□短期間で相手に飽きてしまったり、急激に恋が冷めていくことが多い。
□相手の本当の姿を知って、「裏切られた」ような気持になることが多い。
□生身の相手との恋よりも、映画やドラマ、小説などで恋を疑似体験しているほうが幸せを感じる。
□海、豪華なレストラン、夜景の見えるバー、突然のプレゼントなど、デートには必ず何かしらの「うっとりさせるような要素」や「サプライズ」が含まれているべきだと思う。
□「手の届かない人」を好きになることが多い。
□いわゆる「いい人」には興味が持てない。
□まわりの人たちを見て、「つまらない恋愛をしているな」と思うことが多い。
□今の生活に退屈しており、シンデレラ・ストーリーのような「生まれ変わり」を夢見ている。
□ミステリアスな雰囲気を持つ人に惹きつけられやすい。
□先がまったく見えないような恋に憧れる。
□「普通ではない」職業（たとえば、アーティスト系や実業家など）や肩書きに弱い。

一応の目安として、五個以上あてはまる項目があれば、ロマンス依存の傾向が強いと考えることができる。各項目を挙げた意味は、本章を読み進めていく中で徐々に明らかになっていくだろう。

ロマンス依存症をより具体的に理解していただくために、実際のケースを二つほど紹介したいと思う。ちなみに、主人公である二人とも、このチェック項目に一〇個以上のマルをつけている。

「白馬の王子様」を待ち続ける

〔ケース9〕妙子（27歳 会社員）

「白馬の王子様は本当にあらわれるのだろうか?」、妙子は最近少しずつ自信がなくなってきた。

小さい頃からの夢は、「お嫁さん」になること。とはいえ、普通にOLをして、職場恋愛をして、結婚退職をして、2LDKのマンションで子どもと一緒に主人の帰りを待つ……そんな光景は考えただけでもゾッとする。そんな人生を送るために、私は生まれてきたのではない。平凡な幸福も決して悪くはないと思う。否定するつもりはまったくない。だが、「私は違う」のだ。

「ラブ・ストーリー」をこの上なく愛している。思春期の頃は片っぱしから少女マンガを読みあさってきたし、大人になるにつれ、小説・映画・ドラマと間口も広がってきた。

部屋中にちらかった恋愛小説やマンガを見て、友人は「もういい歳なんだから、現実を見なさいよ、現実を」と揶揄《やゆ》するが、卒業するつもりはまったくない。「いいじゃん、私は永遠の『夢見る少女』なのよ」と笑いながら反撃する。だが、そう言いつつも、どこかためらいや恥ずかしさを感じてしまう自分がいることも否定できない。

では、現実の恋愛ではどうか。「恋愛体質」という言葉をどこかの雑誌で読んだが、自分はその通り。いつでも恋愛をしていなければダメ。恋愛していないと、気分が落ちこんで、あせりや虚しさばかりが募ってくる。だから、今までけっこうたくさんの人とつきあってきた。大学を出てからだけでも、一〇人以上を数えることができる。しかし、なぜかいつもうまくいかない。本当にどうしてなんだろう？　私ほど恋愛、そして結婚に恋い焦がれている人間はそうはいないはずなのに……。

「うまくいかないパターンには二通りあって、いつも同じなんです。私がすごく愛している、『どうしてもこの人がほしい！』という時は、いつもフラれます。逆に、私があまりのめりこんでいない、『いい人だとは思うけど、男としての魅力はあんまり感じないな』とか『いつ別れてもいいや』と思っている時ほど、長続きするんですね。不思議なことに。でも、長続きはしても、正直言ってつまらないじゃないですか。相手にときめきを感じない恋なんて。ただダラダラつきあっていても、意味ないと思うんです。だから、私のほうからサヨナラします。別れる理由も特にないけど、つきあっている理由も特にないから。だったら、心がときめくような他の恋をさっさと探しにいくほうがよっぽどいいと思うんですよ」

熱烈に愛する相手に限ってうまくいかない理由は、自分でもよくわかっている。

そのような相手は、決まって「客観的に見て、すごくモテる人」ばかりで、女性をとっかえひっかえすることも可能だし、実際にそうしてきた人が大半なのだ。「女慣れ」していて、女性にとって自分が魅力的に映ることがわかっている。どうすれば女性を喜ばせられるか、どうすれば女性をロマンチックな気分にさせることができるかもわかっている。だが、一人の女性にのめりこむことはないし、ましてや（少なくとも今は）結婚などする気はさらさらないのだ。

もう子どもではないのだから、妙子にもそれがわからないわけではない。しかし、その「慣れた手つき」で酔わせてくれる魅力には、どうしても逆らうことができない。少なくともその時だけは、自分もヒロインになることができるのだ。映画やドラマに出てくる、あの憧れのヒロインに。

「この人は慣れているんだ。他の女性にもこういうことをしてきたんだ」とわかってはいても、「もしかしたら私がゴールになるかもしれない。そして私たちは二人でずっと幸せに……」と期待せずにはいられない。

たとえば、古くから銀座に店をかまえる、ある老舗の和菓子屋の長男に恋をしたことがある。友人の紹介からつきあいが始まった。五つほど年上で外見はごく普通だが、やはり老舗の若旦那らしく、その立ち居ふるまいにはどこか普通の男性とは違う気品が漂っている。それに目分の歳ではとても行けないようなお店にもどんどん連れていってくれるし（そして、行く先々で「坊っちゃん」とあいさつをされるのである）、お金も使いたい放題という感じだ。

つきあって一カ月も経たないうちに、妙子は「若女将《おかみ》」として店のあれこれを取り仕切っている自分を想像した。ごく普通の家に生まれた私が、老舗の若女将なんて……想像するだけで胸の高まりが押さえきれなかった。しかし、つきあってから二カ月後、彼はあっさり他の女性のもとに去っていった。

英会話学校の外国人講師とつきあったこともある。

オーストラリアから来た同い年の青年で、日本の大学で留学生として勉強しながら、アルバイトで講師をしているという。海外旅行を前に、せめて日常会話くらい覚えなくてはと通い始めたところの担当講師であった。

彼はとにかくハンサムだった。一八〇センチメートルを超える身長、金髪、青い目、がっしりした体と小さい顔。映画に出てくるスターそのものではないか。日本語があまりうまくないので、コミュニケーションはさほどとれなかったが、まったく気にはならなかった。むしろ、余計に神秘性が増し、彼の魅力を高めた。

妙子は慣れない英語で必死にラブレターを書き、つきあいが始まった。まったくすべてが新しかった。彼の故郷についての話から、彼の考え方、行動パターン、日本人男性にはとても真似できないレディ・ファーストの習慣まで。さまざまな国から来た友人も紹介してもらい、妙子も自分がまるで外国人になったかのような気がしてきた。

ところが、つきあってから半年後、「marriage」という言葉をさりげなく出すようになった妙子に彼は意外な言葉を突きつけた。本国には学生時代からの恋人がいて、帰ったら彼女と結婚するつもりである、と。それが本当かどうか確かめる由もなく、妙子は黙って身を引いた。

既婚者を好きになったこともある。

「いかにもという感じのマスコミ人間」で、ラジオ番組の制作会社に勤めている。クラブで声をかけられた。一〇歳以上も年上には見えない外見と、流行をさりげなく取り入れた着こなし、何より「自分の知らない世界」をこともなげに話す彼に引きこまれた。既婚者であると自分から告げているが、それは別にどうでもよかった。妻とは「他の異性と遊ぶことをお互いに認め合って」おり、妻は妻で他に恋人がいるという。それについてはあまり理解はできなかったが、不倫などしたことのない妙子は「既婚者とのアバンチュール」という状況だけで胸がドキドキした。隠れ家レストラン、自分では行けないような高級ホテル、普通ではなかなか知り合えないような人たちに会わせてくれたりと、彼の女性扱いはさすがという感じだった。

しかし、やはり、最高のスパイスは彼が「人のもの」だということである。どこに行くにしても、何をするにしても、「禁断」の二文字が頭をかすめ、それが妙子の胸をときめかせた。自分はいけないことをしているのだ、危険な遊びをしているのだ……そう考えるだけで、退屈な毎日からすっかり抜け出すことができた。

つきあい始めてから二カ月後、彼は「他にも好きな人ができた」と宣言したが、実は彼とは今でもずるずると続いている。彼か誘いがあると出かけていき、食事、そしてセックスをする。彼には奥さんも他の恋人もいる、自分も他の男性とデートに出かけたり、つきあったりしている。なぜか彼とは離れがたく、「これが『腐れ縁』ってやつなのかな？」と思ったりもする。

妙子の心は揺れ動いている。やはり「白馬の王子様」なんて現実にはいないのではないだろうか？　少なくとも自分の前にはあらわれないのではないだろうか？　やっぱり私の恋愛はどこかおかしいのだろうか？　マンガや映画の見すぎなのではないだろうか？　他のみんなと同じように、「ごく平凡な幸せ」を追求することが、なんだかんだ言ってもやはり正しいのではないだろうか？　夢を見るより、現実を見なければ。いや、でも……。

手の届かない相手ばかりに挑戦

〔ケース10〕香織（24歳 大学院生）

英文学を専攻する香織は、大学院の修士課程をもうすぐ終えようとしている。研究者としての第一歩を踏み出したところだ。だが、こと恋愛に関しては、普通の人の一生分の経験をすでにしてしまっているのかもしれない。今までにつきあった人数は、思い出せるだけでも五〇人は下らない。

彼女は雑誌に読者モデルとして出たこともあるほどの美人だ。確かに、自然に男性は寄ってくるだろう。しかし、それにしても五〇人とは多すぎやしないだろうか。

「もちろん、たくさんの人と同時期につきあっていることがしょっちゅうだからですよ。友達から『悪女』とか『危険人物』って言われるけど、私は別にナチュラルにそうしているだけで、いつの間にかいつもそんな状態になってしまうという感じなんです」

だが、香織の恋愛の特徴は人数というよりも、むしろ相手選びの基準にある。

彼女は「チャレンジ精神をかき立てられる相手」ではないとダメなのだ。

「『好きだ』とか『つきあってください』とか、向こうから言い寄ってこられると、もうダメなんです。こんな言い方すると、友達からは『贅沢《ぜいたく》だ』と怒られたり、『香織はモテるからいいわよねえ』なんてイヤミっぽく言われるんですが。でも、あれこれ考えてるわけじゃなくって、単にホントにダメなだけなんです。どんなに素敵な人でも、向こうからすり寄ってきた瞬間に興味がなくなってしまいます」

では、どのような男性だったら、香織の興味を引くことができるのであろうか？

「手に入らなそうな人です。私が『好き』って言っても、『フン』ってそっぽを向いてしまいそうな人ですね。そういう人に出会うと、途端にやる気が出てきます。何とかして落としてやろうって。あれこれ、いろんな戦略を考えるんですよ。なんか私、男みたいですね。いわゆる肉食系ですかね（笑）」

「何とかして落としてやろう」とあれこれ考えるのは、伝統的には確かに男性型なのかもしれない。しかし、「そっぽを向く相手ばかりを選ぶ」という点では男性ということとは関係がない。

一般的には、男性であればむしろ、「がんばれば何とか手の届きそうな範囲」の女性を選ぶものである。自分に自信のない男性ほど、デートの相手選びにおいて、「自分がデートを申し込んだら、ＯＫしてくれそうかどうか」を気にかけるという実験データが実際にある。やはり、「手に入らなそうな相手」をわざわざ選ぶところが、香織の特徴なのだ。

「どうやって落としてやろうって、あれこれ考えている時がすごく楽しいんです。難しいパズルに挑んでいる時のような感じですかね。簡単に解けるパズルなんてつまらないじゃないですか」

具体的にどんな相手がこれまで「ターゲット」になってきたのかを香織に尋ねてみると、年齢や職業を含めて実にさまざまであった。

高校生の頃はとにかく「クラスで一番」「学校で一番」と称される男子生徒には一度は狙いを定めないと気がすまなかった。大学生になると「サークルで一番」「学校で一番」はもちろんのこと、クラブの人気ＤＪ、俳優やモデル、そこそこ売れてきたミュージシャンなどにもターゲットを広げていった。このように書くと、単なる「ミーハー」のように思われるかもしれないが、そうではない。時には女性にまったく興味がなさそうな非常に内向的な大学院生であったり、あまり冴えない中年の既婚者ということもあった。

とにかく初めは自分に興味がないことが大事であって、いくらモデルやミュージシャンであろうと、向こうからすり寄ってくる人間はダメなのである。

「それで、私は一度狙いを定めると、どんどん自分から積極的に行っちゃうんです。ためらいとか恥ずかしさなんかありません。思わせぶりなそぶりをしたり、電話をかけたり、自分から『デートしよう』『キスしよう』『Hしよう』なんてことも平気で言っちゃいます。なかには戸惑ったり、『そんなことする女はしたない』みたいなことを言う男性もごくたまにいるけど、大半は私の予定通りという感じですね」

確かに、香織に言い寄られていい気分がしない男性はいないだろう。

だが、そこにはワナが待っている。

彼女のペースにのせられて、デートを重ねる。すると、初めは彼女に対してさほど興味がなかった男性も、だんだんと彼女を愛するようになる。そして、彼女は感じとる。「この人、私のことを好きになったな」と。すると、「ゲームオーバー。試合終了！」である。

「向こうからデートの誘いが頻繁にくるようになったり、『好きだ』『愛してる』なんて言われ出すと、途端に冷めちゃうんです。何か目標を達成して、『もうやることがなくなっちゃった』みたいな。そうすると、『じゃあ、次の人は』みたいな感覚になっちゃうんですね。はっきりサヨウナラを言って別れる場合もあるし、そうしないで他の人とも同時っていうこともあるし、こっちからは連絡をしなくなって自然消滅になるっていうパターンもあります。だから、一人の人とは長く続かないんです。三カ月くらいが限度かな。完全に自業自得で、私が悪いだけなんですけど」

本当に悩んでいるのか否かはわからないが、本人いわく、「この先もずっとこの調子だと、きちんと結婚して幸福な生活が送れるかどうか不安」だそうだ。

愛のホルモン

ロマンス依存の典型的なストーリーを二つほどご覧いただいた。妙子にとっては相手がうっとりするような夢を見させてくれる「白馬の王子様」であることが、香織にとっては「チャレンジ精神をかき立てられる」ことが恋愛の必須条件となっている。だが、「恋愛＝刺激」との方程式が完成されている点で、ロマンス依存という共通項の中にくくることができるのである。

では、なぜこうした方程式が形成されるのであろうか？　それを読み解く第一のカギは生理学的要因にある。

恋をすると、ある物質が体内に分泌される。「ＰＥＡ（フェニールエチルアミン）」であり、俗に「愛のホルモン」と呼ばれるものである。

ＰＥＡはアンフェタミンと非常によく似た働きをする。アンフェタミンというのはいわゆる覚醒剤のことである。覚醒剤は中枢神経の強い興奮作用をもたらす。体からエネルギーがあふれ出したように感じ、落ちこんだ気分も一瞬にして高揚してくる。無論、クスリの効果が切れた途端、脱力感や疲労感など恐ろしい反作用が待ち受け、また興奮を求めてクスリに手を出すという悪循環に陥ってしまう。

ＰＥＡは私たちの体が作り出す、天然の覚醒剤といえる。そのメカニズムはまだ詳しく解明されてはいないのだが、人が恋をするとこの天然の覚醒剤であるＰＥＡが大量に分泌されることがわかっている。

これでなぜ人が恋に陥ると、普段とは異なる激しい感情に身を包まれるのかがおわかりいただけるだろう。世の中すべてがバラ色に思えてくるのはそのためなのだ。逆に、恋に破れると、一気に地獄に突き落とされたように感じるのもそのためなのである。ＰＥＡの値が低くなり、覚醒剤が切れているのと同じ状態になるのだ。

強烈な恋の経験がもたらす危険

このように、恋のプロセスとともに生じる気分の大きなアップダウンには、ＰＥＡという生理学的要因が非常に大きな役割を果たしている。喜びも苦しみもＰＥＡしだいというわけだ。そして、あるタイプの人々は、このＰＥＡの作用による快感と苦痛のワナにはまってしまうのである。

ＰＥＡは天然の覚醒剤であると先に述べたが、もう少し柔らかい言い方をすれば、ある種の「抗うつ薬」のような働きをするということもできる。ちなみに、ＰＥＡには食欲を抑制する働きもあり、恋をすると「ご飯が喉を通らなくなる」という状態になるのもそのせいである。

よって、気分が落ちこんでいる時には、恋をすればいいということになる。ＰＥＡの作用により、身体的・精神的に覚醒し、うつ状態を抜け出ることができるのである。

そこで、特に「うつ」傾向の強い人（気分が落ちこみやすい人、無気力になりやすい人、精神的に疲れやすい人）は、この恋という名の抗うつ薬に依存する確率が高くなる。

だが、これは何もうつ傾向が強い人たちだけに限られたことではない。「学習」経験により、まったく同じメカニズムが働くことがある。

たとえば、あなたが以前に「強烈な恋」を経験したとする。

どこかの国の王子様・王女様と禁断の恋に落ちたとでも考えてみればよい。その時の気分の高揚や興奮は、想像にかたくないだろう。「見つかったら殺されてしまうかもしれない！」「でも自分も王様やお姫様になれるかもしれない！」といった、とにかく強烈な経験である。その時、あなたの体の中には、あふれんばかりのＰＥＡが駆けめぐっているのだ。純度の高い覚醒剤をやったかのような、強烈な覚醒作用だ。

すると、あなたの体は、その快感をずっと忘れずに覚えている。そして、気分が落ちこんだ時にこう思うのだ。「ああ、あの時の強烈な快感よ、もう一度！」。

そして、あなたは再び強烈な高揚や興奮を味わわせてくれるような恋へと、自ら身を投じていく。「酒を飲んだら、嫌なことがすべて忘れられて、ぐっすり眠れた」との学習経験をきっかけにして、アルコール依存へと走るのと同じである。

ＰＥＡの値は、ロマンチックな小説を読んだり、ロマンチックな空想にふけるだけでも上昇するといわれる。また、過去のロマンチックな空想にふけるだけでも同様の効果がある。だが、より直接的な経験であるほど、またそれがより強烈な経験であるほど、その効果が大きいことは想像にかたくない。

確かに、映画の中のヒロインに自分を重ね合わせるだけでも、刺激や興奮、陶酔感を得られるだろう。しかし、自分こそがまさにその映画の主人公だとしたらどうだろうか。さらに、そのストーリーが、ほのぼのとした平和なものではなく、強烈にドラマチックなものだとしたらどうだろうか。直接的な経験であればあるほど、そこに含まれているロマンスの要素が大きければ大きいほど、刺激や興奮という快感が得られるのである。

ロマンス依存症者たちが「普通の恋」「穏やかな恋」「いい人」には興味を示さないのはそのためである。刺激があまりにも小さすぎるのだ。

不倫、複数恋愛、略奪愛、危険な香りのする人、周囲からの反対、手の届かない人・遠くの世界にいる人……よりドラマチックな要素、より波欄万丈な要素、より危険な要素が含まれていてこそなのである。

ごく短期間のサイクルで次々に新たな恋愛に飛びこんでいく（別れる場合もあるし、複数恋愛の場合もある）人が多いのも同じ理由による。

未知の世界に足を踏み入れるのと同じく、新しい恋愛であればあるほど、刺激や興奮が得られる。逆に、恋愛が進行していくと、刺激や興奮は必ず薄れていく。その代わりに今度は「やすらぎ」が手に入るようになるのだが、ロマンス依存症者は新たな刺激や興奮、より強烈な刺激や興奮を求めて、次の恋愛へと短期のうちに移行していくのである。

「急激にのめりこみ、急激に冷めていく」傾向が強いのも同じで、急激に冷めていく理由は今述べた通りだが、急激にのめりこむ理由もただその裏返しなだけだ。刺激や興奮を求めているからこそ、もっとも刺激や興奮が得られる恋愛の初期段階で過剰に恋愛感情が盛りあがってしまうのである。

ゲームとしての恋愛

『簡単に解けるパズルなんてつまらないじゃないですか』……ケース10の香織のセリフも、ロマンス依存のメカニズムをよく表している。香織にとって、恋愛はあくまでゲームなのである。「気のない相手をその気にさせる」というゲームなのである。

ゲーム（テレビゲームでもスポーツでも何でもよい）をやっている時の心理状態を思い起こしていただきたい。そこには刺激や興奮が詰まっていないだろうか。何とかしてこの面をクリアしてやろう、何とかして相手に打ち勝ってやろう、そう考えている時は心も身体も高揚してくる。そして、うまくなればなるほど、より難しいゲーム、より困難な相手にチャレンジしたくなる。簡単なゲームでは、刺激や興奮を得ることはできないのだ。

幸か不幸か、ある時点で彼女にとって恋愛は「簡単なゲーム」になってしまったようである。家庭環境もあって、中学時代までは異性や性的なことに対して極端に拒否的な態度をとっていた。身なりや服装も非常に地味にしていた。だが、共学の高校に入学し（それまでは私立の女子中学に通っていた）、メガネをコンタクトに替え、ヘアスタイルや服装を友人に合わせて「それなり」にした途端、驚くほど同級生や先輩からの告白を受けるようになった。それまでとのコントラストも手伝って、男性が自分に言い寄ってくる快感、自分の言いなりになってくれる快感に酔いしれたのである。

「信じてもらえないんですけど、私って高校デビューなんですよ。あそこから人生変わりました」と言う。

しかし、もともと恋愛そのものにはあまり興味がなかったからかもしれないが（本人はそのように言っている）、そうした快感はあまり長続きしなかった。もちろん友人たちには絶対に口にしなかったが、正直、心の中では男性が寄ってくるのが「当たり前」になってしまい、告白してきた男性とつきあうのが面白くも何ともなくなった。恋愛に対する興味がますます失せた。

しかし、高校生という周囲がとにかく恋愛に興味を持つ時期でもあって、ある意味、恋愛にまったく背を向けるわけにもいかなかった。そこで、見つけ出してしまったのが「気のない相手を振り向かせる」ゲームなのである。恋愛自体にはあまり興味がなくとも、それであれば心から楽しむことができたのだ。

何らかの理由から異性への復讐を果たすため、相手の気を引き、いざという段になって相手を真っ逆さまに突き落として快感を得るというタイプもいる。しかし、香織の場合はそうではない。確かに結果的には相手の男性を傷つけるかもしれない。しかし、傷つけることに満足感を得ているのではなく、刺激や興奮が得られなくなったから、単に次へと移行しようとするだけなのである。

ゲームはクリアするまでは楽しい。だが、一度クリアしたゲームは、なかなかやる気にはならないものだ。それよりも、早く新しいゲームをやりたくなる。恋愛でも同様のことを繰り返している人たちがいるのである。

以上のようなメカニズムにより、恋愛の一部もしくは「オマケ」とでもいえる要素であるはずの刺激や興奮こそが恋愛の最終目標となってしまい、ロマンス依存が形成される。

「ラブ・ジャンキー」という言葉があるが（ジャンキーとは違法薬物に依存している人という意味）、恋愛によるＰＥＡの快感（刺激や興奮という覚醒作用による快感）にはまってしまう人たちが、まさにそれである。生理学的要因から見た場合には、ロマンス依存というのは、この「ラブ・ジャンキー」の状態になっていることに他ならない。

空想の世界に生きる

今度はもっと心理学的な視点からロマンス依存のメカニズムに迫ってみよう。キーワードは「空想」である。

ケース９の妙子が「若女将」や「外国人の妻」になった自分の姿を常に空想していたように、ロマンス依存症者たちが、ロマンスの共演者を見つけたその瞬間、引き金が引かれて一気に頭の中で空想があふれ出してくる。

「この人こそ私の運命の人だわ」「こんなに素敵な人には今まで出会ったことがないわ」「この

人と結びつくことで私のすべてが満たされる」「私を救ってくれるのはこの人しかいない」……こうした言葉に始まり、恋愛の発展のみならず、結婚や子どものことまで今後のストーリーが鮮明なイメージとともにどんどん進行する。

また、妙子の話には、「相手の悪い面」についての話が出てこないのも特徴である。話を聞く限りでは、彼女のもとを去ったこと以外は、すべて完璧な人間であるかのように浮かび上がってくるのだ。

これは、相手が実際に何を言おうが、何をしようがあまり影響を受けない……すなわち、自ら作り出した空想の中にすべてが都合のいいように取りこまれてしまうとのロマンス依存の特徴をあらわしている。

たとえば、相手が「住所は六本木なんだけど、古いマンションだよ」と言ったとしよう。だが、耳に入ってくるのは「六本木」という言葉だけなのである。「キャビン・アテンダントをやってるんだけど、あれって本当は完全に３Ｋの仕事なのよ」と言われても、反応するのは「キャビン・アテンダント」という部分に対してだけだ。そして、空想や妄想が膨らんでいく。「実際の相手」ではなく、「自らの空想の中に取りこまれた相手」に恋をしてしまうのである。

これは恋愛における「理想化」というプロセスであり、一般的には「恋にのぼせあがって、すべてがバラ色に見えてしまう」といわれるような状態のことだ。無論、このプロセスは恋愛の初期段階においてはほとんどの場合に生じるものであり、むしろ健全な心理メカニズムであるとすらいえる。

だが、通常の場合とロマンス依存の場合で大きく異なるのは、目の前にある現実をどの程度受けとめるかということである。

通常は自ら作り出した空想が現実とずれていた場合、その現実に応じて空想は逐一修正されていく。料理の本に書いてあったレシピの通りに作ってみたものの、どうも味が今ひとつという時、自分なりに調味料の量をアレンジしていくのと同じことだ。

一方、ロマンス依存の場合には、空想と現実がずれていることが客観的には明らかになったとしても、空想がそれに応じて修正されていく可能性は小さい。現実はすべて空想の世界で描かれているストーリーに都合のいいように変形され、認識されるからである。たとえ実際にはまったくおいしくなくとも、「料理の本に書いてある通りにやったのだから、これは絶対においしいはずだ」との思いこみで自分を納得させてしまうのである。

別の角度から見れば、ロマンス依存症者にとって、恋愛の相手となるのは生身の人間ではなく、モノ、自分のロマンチックな空想を満たしてくれるための道具であるともいえよう。「〇〇さん」という生身の存在に価値を見いだすというよりは、「〇〇さんが象徴するもの」に価値を見いだしている。

簡単にいえば、ロマンス依存症者がたとえば「田中久美子」という名の美女モデルとつきあっているとしよう。すると、彼にとっては「田中さんとつきあっている」ことが重要なのではなく、「モデルとつきあっている」ことが重要なのである。「モデル」が象徴する諸々のロマンスが彼を惹きつけているのである

空想を進行させる三つのレベル

とはいえ、ロマンチックな恋愛を夢想して、空想の世界にひたりきることは誰にでもある。よって、空想の部分が大きい＝すなわちロマンス依存ということでは無論ない。その「程度」が重要なのだ。

依存症の問題に詳しいアメリカのセラピストであるアン・ウィルソン・シェフは、『Escape from Intimacy』（邦題『嗜癖する人間関係』高畠克子訳／誠信書房）の中で、ロマンス依存を三つのレベルに分類している。

【レベル1】

空想することに多くの時間を費やし、空想の中に棲んでいるといえるものの、その空想を実際の行動に移すまでには至らない段階。シェフは、この段階であっても、ロマンチックな空想

のためにその人の人生をコントロールすることができなくなり始めたら、ロマンス依存症に陥っていると述べている。

【レベル２】

空想を実際の行動に移し始める段階。さまざまな問題が発生し始め、周囲にも大きな影響を与えるようになる。多くの時間やエネルギーがどんどん幻想につぎこまれ、現実と空想の間に明らかなずれが生じてくる。

【レベル３】

より強い刺激を求めて過激になってくる段階。スリルを求め、危険な状況にも身をおく。この段階にいるロマンス依存症者は、社会的なしきたりや、それが社会的に受け入れられる行動であるかどうかには頓着《とんちゃく》せず、仮に、家庭が崩壊したり、他人が傷ついたり、自分の将来に悪影響が出ることが明らかになっても、それらをかえりみることなくひたすら求め続ける。

レベルが進むにしたがって、空想が実際の行動に移される傾向、より強い刺激を求めるようになる傾向、周囲や自分自身を危険にさらす（だが、それをかえりみない）傾向が強まるのがおわかりいただけるだろう。

何が空想にしがみつかせるのか

だとしたら、ロマンス依存症者たちは、なぜそこまで強迫的に空想にしがみつくのであろうか？

一つの答えだが、「現実の世界」と「空想の世界」というまったく別の二つの世界があると仮定した時、現実の世界を離れて空想の世界に行きたいと思わせるのは、現実の世界に何か不平や不満があり、現実の世界で生きるのがつらい状態にある時ではないだろうか。現実を生きるのがあまりにもつらくなった時、不平や不満だらけの現実を自分の力ではどうにも変えることができないと心の奥底であきらめてしまった時、そのつらさを忘れさせてくれるバラ色の空想の世界を作り出し、その世界の中に逃避しようとするものである。

たとえば、クラスメートからいつもいじめられている小学生の男の子がいるとしよう。この子が作り出す空想の世界では、おそらく、この子は圧倒的なパワーを持ったヒーローになっており、誰もが彼を恐れ、敬うのである。そうやって、空想の世界で慰めを見いだしたり、普段自分をいじめている憎い人物への復讐を果たす。

ロマンチックな恋愛（危険やスリル・刺激や興奮、波瀾万丈のストーリーが満ちた恋愛）というのは、言い換えれば、「非現実的な」恋愛である。現実から離れれば離れるほど、ロマンスの要素が強くなる。もしあなたが、普段から世界各国の王侯貴族からの求婚をうんざりするほど受けているようであれば、たとえイギリス王室の血を引く男性・女性から愛を打ち明けられようと、大してロマンスを感じないであろう。

以上のように考えてみると、ロマンス依存症者が空想にしがみつく、もしくは非現実的な恋愛を求めてやまない一因として、「つらい現実からの逃避」を挙げることができる。自分自身や現実への不満、嫌悪感、虚しさ、退屈、不安……こうしたものが強ければ強いほど、ロマンチックな恋愛が光り輝いて見えてくる。退屈な日常にドキドキするような素晴らしい刺激や興奮を与えてくれ、しかも、これを機に自分は「生まれ変わる」ことができるかもしれないという期待感も与えてくれるからである。

部屋の片隅で灰をかぶっていたシンデレラは、王子の愛によって、すべてのつらさから逃れ、誰もがうらやむ幸福な人生を送る王女に生まれ変わることができた。それと同じストーリーが自分自身の身にも起こることをロマンス依存症者たちはどこかで期待しているのかもしれない。いや、期待というよりは、そうでなければならない、それ以外では決してあってはならないのだと思っているのかもしれない。

崩壊、そして次のロマンスへ

空想は空想であって、現実ではない。確かにどこかの国の王侯貴族がある日あなたに突然プロポーズをする可能性はゼロとはいえないが、空想が完全な形で現実の世界で実現することはめったにない。

また、空想が実現したと当初は思っていたとしても、時間が経つにつれて（相手の本当の姿が見えてくるにつれて）、実はそれは単なる思いこみにすぎなかった、実はちっとも空想通りではなかった、と認めざるを得なくなる状況に陥ることも多い。それは、つきあって一カ月後のことかもしれないし、結婚した直後かもしれないし、結婚三年目になってからのことかもしれない。特にロマンス依存では、期待や空想が大きい分、それが崩壊する可能性も大きいのである。

空想が崩れた時、ロマンス依存症者はどうなるか。

先に述べた通り、通常であれば、空想は現実の姿に応じて「徐々に」修正されていくものである。だが、ロマンス依存の場合には、基本的に「All or Nothing」の世界が展開する。ある程度までは現実が都合のいいように空想に放り込まれるため、すべてがバラ色という世界である。

しかし、空想が根本から覆されるような事実を突きつけられた場合、また、時が経ち、相手から得られる刺激や興奮が大幅に減少するようになった場合、すべてが真っ暗闇になってしまう。「不倫だったのが、相手が離婚をしたので自由に結婚できるようになった」「親の反対がとけた」「社内恋愛で秘密にしていたのが公認の仲になった」など、状況的に危険やスリルの要素が消え去ってしまった場合も同じである。

ロマンスが消え去った時点で、ほとんどの場合、ロマンス依存症者は（少なくとも心の中では）相手に別れを告げる。だが、そこから苦しみが始まる。自分を支えていた空想の世界が崩れ、現実の自分に向き合わなければならなくなるからだ。ロマンス依存症者にとって、これほどつらいことはない（それが嫌だからこそ、空想の世界に逃げこもうとしているのだから）。そこで、そのつらさから一刻も早く逃れるため、また前と同じように空想を始める。

「今回はちょっと違っていたみたい。私の本当の王子様はどこにいるのかしら？」。そして、さっそく次のロマンスを探し求めることになるのである。

妙子の場合、空想が崩壊する状況は非常にわかりやすい。相手が他の女性のもとに去っていき、「私の王子様」ではなかった事実を突きつけられるからである。いわば受動的に空想が崩壊させられるのであり、その穴を埋めるべく必死になって次のロマンスを求める。

一方、香織の場合は、相手が自分を追い求めるようになった時点で「チャレンジしがいのある人」との空想が崩壊して自分から別れを告げるのであり、いわば能動的な空想の崩壊↓次なるロマンスとなっている。

シンデレラ願望

少年マンガと少女マンガの典型的なストーリーを考えてみよう。その中で、恋愛の要素はどのように描かれているだろうか。

少年マンガでは、主人公が敵（怪物、スポーツにおける相手など）と闘い、苦戦しながらも勝利をおさめる。するとまたさらに強い敵があらわれ、危機的な状況に陥るが、根性や新しいワザなどで最終的には勝利をおさめる。するとまたさらに強い敵が……という繰り返しであることが多い。そして、主人公はその強さゆえに、無条件で美女たちの求愛を受ける。

一方、多くの少女マンガでは、初めから恋愛がメインテーマになっている。少年マンガでは恋愛は「付け足し」のような描かれ方をされることが多いのと対照的である。そして、「ごく普通の女の子」である主人公が、最終的に「白馬の王子様」の愛を勝ち取るというストーリーが多い。少年マンガの主人公たちが、強敵に苦戦し、やっとのことで勝利をおさめるのと同じように、白馬の王子様の愛を勝ち取るのは容易ではない。運命的な出会いの後には、必ず、ライバルの出現、周囲にいる意地悪な人物たちからの妨害、運命のいたずらなどが待ち受けている。二人の愛の行方に読者はハラハラ・ドキドキしながら、うっとりとロマンチックな愛の世界にひたることができるという寸法である。

現在の社会では「恋愛＝波瀾万丈のロマンス」という図式がいわば強迫観念として、我々の心の奥深くに根づいている。そして、その傾向は特に女性に強い。女性が好んで見るもの、読むもの（映画、小説、ドラマ、雑誌、マンガ）において描かれる愛の形は、究極ともいうべきロマンスの要素に満ち満ちているからである。あなたが女性であれば、すぐにおわかりいただけるであろう。あなたが幼い頃から、さまざまなメディアを通して見てきた愛の形とはどのようなものだっただろうか。あなたは知らず知らずのうちに、「ロマンチックな恋愛＝素晴らしいもの」「ロマンチックでない恋愛＝退屈なもの」との刷りこみをなされていないだろうか。

確かに、メディアで描かれる恋愛はロマンチックなものばかりなのだから、男性もその影響を受けないはずはない。

だが、先に述べたように、男性が目にするようなものの中では、恋愛はあくまで「付け足し」的な描かれ方をされるのと同時に、「強い主人公には必ず美女がついてくる」という単純なものである（映画「００７」シリーズがわかりやすい例だろう）。だから、男性はあくまでそれが絵空事であると考える傾向が強いようだ。「そうなったらどんなにいいかわからないが、自分とはあまり関係がない」、これが一般的な男性心理であるように思われる。

一方、コレット・ダウリングが「シンデレラ・コンプレックス」と名づけたように、多くの女性には「いつか素敵な王子様があらわれて、この世のあらゆる苦しみから自分を救ってくれるだろう、自分を価値あるものに生まれ変わらせてくれるだろう」とのシンデレラ願望が、現実的な期待として少なくとも、男性より強くあることは否定できない。

これはもちろん、女性が愚かな生き物であるといっているのではない。歴史的背景の中、社会・文化的制度の中、そしてしつけや教育の中で、知らず知らずのうちに植えつけられているのである。伝統的に、女性は自分自身の力で自分を生まれ変わらせることを否定されてきた。よって、それを男性に頼るしかないのである。だから、自分の生まれ変わりを予感させてくれるロマンチックな恋愛に、果てしもない憧れを持ってしまうのである。

メディアはサブリミナルのように我々をロマンス依存へと走らせる。だが、男女の差という面で見ると、それは特に女性が陥りやすいワナなのである。

境界性パーソナリティ障害との関係性

ロマンス依存を読み解くためのまた別のカギとして、「境界性パーソナリティ障害」(Borderline Personality Disorder：略してBPD）も取り上げておきたい。

ある人のパーソナリティ（一般的に言えば「性格」）が、その時代や文化の平均から見れば大きく偏っているために、さまざまな問題を抱えてしまう状態を「パーソナリティ障害」という。BPDはその一つだ。

症状の特徴としては、①「感情の不安定さ」（急に怒ったり、急に落ち込んだりなどと、感情の揺れが大きい）、②「衝動的な行動」（自傷行為、危険運転、過食や過度のアルコール摂取など）、③「対人関係の不安定さ」がよく挙げられる。

実は、さまざまなパーソナリティ障害どうしや、他の精神疾患との境目というのは曖昧なことが多い。たとえば、気分の浮き沈みなどは、うつ病にも見られることであるし、BPDは演技性パーソナリティ障害や自己愛性パーソナリティ障害との共通点も多いといわれる。

BPDの詳細については専門書に譲るが、本書で取り上げる意味は③の「対人関係の不安定さ」にある。では具体的にどのように対人関係が不安定になりやすいかというと、「賞賛とこき下ろしの二極化」がキーワードだ。他者に対する評価や思いが、「最高に素晴らしい人」と「最悪・最低の人物」との間で極端にコロコロと変わるため、長期的・安定的な人間関係を結ぶことが難しいのである。

たとえば、今日初めて出会った人が、「とてもやさしかった」「自分の話をきちんと聞いてくれた」「（何か小さなことで）自分を助けてくれた」とする。普通のレベルであれば「いい人だな」「これからも交流をしたいな」といったところだろう。

ところがＢＰＤでは、「最高の人に出会った」「親友ができた」「救済者が現れた」などと極端な理想化や賞賛が始まるとともに、極端なくらいの親密さや結びつきを感じてしまう。

その一方で、「自分の期待に応えてくれなかった」「悪いところや欠点を見つけた」「そっけなくされた」などのことが起きると、一気に評価が下がり、「最低」「最悪」「イヤなやつ」「ひどいやつ」に変わってしまう。また、「もう二度と私に近づかないでくれ！」といった感じで、一気に距離を取ろうとする。

かと思うと、また何かがあると極端な理想化や賞賛が始まり……と、極端なアップダウンを繰り返してしまうのである。これでは長期的・安定的な人間関係を築くことは難しくなってしまうだろう。

その原因としては、「自己評価の不安定さ」「見捨てられ不安の強さ」があるとされる。自分自身に対する確かな感覚が持てず、常に何かしらの不安定さや不安感を抱えているために、「見捨てられたらどうしよう」「この人は本当に自分を大切にしてくれるのだろうか」「この人は自分にとっての救済者か否か」という思いにとらわれる。不安定だから、極端に「良い人

VS悪い人」の間を揺れ動いてしまうのである。

BPDは共依存や回避依存、セックス依存など、本書で紹介をしている恋愛依存症の他の各タイプの原因にもなりうる。しかし、ロマンス依存との結びつきが強いことは想像に難くないだろう。

出会いがある。一気に理想化が始まり、盛り上がる。「運命の人に出会えた！」「ついに理想の人と巡り会えた！」「今度こそ最高の恋愛ができる！」。そして期待と違うことが……一気に評価が急降下する。「最悪！」「こんなひどい人だとは思わなかった！」「騙された！」。

その急降下の時点で別れることもあれば、そうでないこともある。しかし、アップダウンがあまりにも極端であり、これでは長続きできない。相手からしても、昨日までは「最愛の人」と賞賛を受けていたのに、今日は「最悪の人」のようなカテゴリーに入れられ、わけがわからないだろう。浮気をしたとか、暴力を振るったとかならともかく、「客観的に見て、そこまで怒ることないのでは？」というレベルのことが多いからだ。たとえば実例をいくつか挙げてみよう。

・彼女にクリスマスプレゼントをあげた。ネックレスがほしいといっていたので、ネットで調べて人気がありそうなものを選んだのだが、彼女は大激怒。「私がほしかったのはこういうものじゃない」→「あなたは私のことを何もわかっていない」→「私のことを本当に愛しているなら、こんなものは買わないはず」→「あなたみたいなひどい人とつきあっている自分が信じられない」などと一方的に説教をされたあげく、一週間はメールも電話もすべて無視された。

・家に帰ったら、同棲中の彼が激怒している。「あー、もう、わかったよ。お前はそういう女だよな」。わけがわからないので、怒っている理由を聞いてみると、パソコンに残っていた五年前の写真を見たらしい。友達との飲み会とかサークルとか旅行とか、普通の写真が入っていただけなのに、男性と二人で写っていた写真が気に入らなかったらしい。その相手とは何の恋愛感情もないただの友達だったのだが、いくら説明してもダメ。「好きなのはあなただけ」ということを三日間も言い続けて、やっと収まった。

・彼女から「相談があるんだけど」という電話が。バイトに行く時間の直前だったので、「今時間がないから、後でいい?」と言ったら、「あっ、そう」と電話を切られた。バイト中に彼女からの着信が入っていた。バイトから帰ってきて留守電を聞いたら、「私、あなたのこと許さないからね」という一言が。

BPDの人がみんなロマンス依存（そしてその他の恋愛依存症）になるわけではないことは当然

だが、「理想化による急激な接近」と「こき下ろしによる急激な離脱」は、まさにロマンス依存の大きな特徴である「短期間しか続かない」「愛情の急激なアップダウン」につながる。また、ロマンス依存に欠かせない「刺激」という要素も、「大きな刺激があるほど、理想化が起きやすい」という面でつながりがある。

ＢＰＤそのものの治療については本書の範疇を超えているので取り上げないが、もしロマンス依存も含めた恋愛依存症の原因として思い当たるフシがあるようなら、ネットでも書籍でも、ＢＰＤについて一度詳しく調べてみるといいだろう。

深層心理での苦しみ

恋愛にロマンスを求めること……それは当然であり、少しも悪いところはなく、むしろ我々日本人にはもっと必要なことかもしれない。たとえば、欧米では「ロマンチックになるための方法」という内容の本が数多く出ていて、ベストセラーになっているものも少なくない。そこでは、花束の贈り方からベッドでのピロートークまで、じつに事細やかにさまざまなアイデアが記されている。正直、日本人にはあまりに気恥ずかしくて実行は無理と思わせる部分も多いのだが、その反面、読んでその場面を想像しているだけでも楽しいものである。

だが、それが度をすぎて、悩み・苦しんでいる人たちがいることもまた確かなのだ。

「とにかくロマンスを！」という人がいたとしても、それで自分が心から本当に幸せで、周囲にもまったく迷惑をかけていないというのなら、何の問題もなく、むしろ望ましいくらいだ。

しかし、残念ながら、私自身はそのような人に出会ったことがない。たとえ表面的には自分は「恋多き女」だとか「僕って実はけっこうロマンチストなんですよね」と明るく楽しそうにふるまっていたとしても、深層心理では疲れていたり、傷ついていたり、悩み苦しんでいたりする様子が痛いほど伝わってくる。また、不倫であったり、複数恋愛であったりして、本人だけでなく、周囲の誰かが傷ついているというパターンも少なくない。不倫や、その他の「禁断の恋」によって、仕事上のキャリアや社会的地位を一瞬で失ってしまう人たちもいる。

そうした苦しみや危険性に陥らないためにも、ロマンス依存の傾向にある人たちは、「ロマンチックな恋愛こそ最上のものだ」という図式を見直したほうがよいのかもしれない。

「現実、そして自分自身に向き合うのが怖いから、空想の世界に逃げこもうとする。また、恋愛で『生まれ変わり』を期待してしまう」ということを本章で述べてきたが、この「現実や自分自身に向き合うのが怖い」というのは恋愛依存症のすべてに共通する根本的な要因であり、全章（回復については特に第6章）を参考にしていただきたい。したがって、ここでは、今すぐにでも始められるような、ロマンス依存を克服するための簡単で具体的な方法について、二点ほど述べてみたい。

克服のための二つの方法

登るのも、下りるのもスローダウンしてみる

第一に、「ゆっくりと坂を登る」ということである。

ロマンス依存の場合には、引き金が引かれた瞬間に一気に恋愛感情が頂点に達してしまう。「瞬間」というのは大げさではなく、極端にいえば、一目見ただけ、一言交わしただけで「私の王子様だ」「運命的な出会いだ」となってしまうのである。

だが、恋愛では、恋愛感情の上昇スピードと下降スピードは比例するという法則がある。旅先（リゾート地、海外など）で急激に盛りあがった恋は、日常の場に戻ると長続きしにくいという例や、夏の恋は長続きしにくいという例がわかりやすいかもしれない。ロマンス依存では、一瞬にして頂点まで駆け上がってしまう分、一瞬にして駆け下りてしまうのである。

山に登ることを考えてみよう。一気に頂上まで駆け上がろうとしたら、頂上に着いた時には疲労困憊してしまうし、山を一歩一歩登っていく楽しみ、まわりの美しい風景を眺めながらゆったりした気分で登っていく楽しみを味わうことができない。頂上に駆け上がっていく時の

スリルや興奮と、頂上をいち早く見ることができるという快感はあるかもしれないが、楽しみはすぐに終わってしまう。それはそれで結構かもしれないが、ゆっくり、一歩一歩、途中の風景を楽しみながら、時には休憩を入れたりして山を登る楽しみを覚えるのもまたいいのではないだろうか。

もしあなたにロマンス依存症の傾向があるのなら、これと同じでゆっくりと一歩一歩恋愛のステップを進んでいくことを心がけるといいだろう。

たとえば、恋愛感情が一気に盛りあがると、相手のことばかりを四六時中考えるようになり、毎日でも会いたくなってしまうかもしれない。だが、そこを少し我慢するのだ。「つきあい始めるとそれこそ毎日のように会うようになる」というのが今までのパターンだったら、毎日だったのを一週間に一度にするというように。

また、デートの時でも、朝に待ち合わせをして夜まで一日中というのではなく、夜からだけにして会う時間を少し短くするという方法もある。そうすれば今までよりもゆっくりと坂を登っていくことができるようになる。そして、空いた時間（たとえば、休日に夜からデートをするとしたら、それまでの時間）を自分の趣味に費やしたり、ゆっくりと本を読むなどして、ロマンスから離れた「自分だけのリラックスした時間」を持つようにするのである。

同様に、坂を下りる時にも、「ゆっくり」を心がけるとよい。今までだったら、「はい、さようなら」と言わずにはいられないところを、少しだけ我慢してみるのだ。一週間でも一カ月でもいい。結局別れることになったとしても、冷却期間をおき、その間にもう一度相手のいいところを冷静に見つめ直そうとか、とにかく時をおいてみようとするだけでも、ロマンス依存の傾向をやわらげることができる。

恋人ではない異性を増やす

第二は、恋愛関係ではない、「異性の友人」をもっと増やすことである。表面的な関係ではなく、なるべく親友と呼べるような親密な関係が築ければなおさらよい。

ロマンス依存の場合には、ロマンスの要因が相手にはないと感じると、恋人としてのみならず、単なる友人としてであっても、その後の交際を敬遠してしまう傾向がある。友人としてのつきあいを重ねていくうちに、たとえロマンスの要素がなかったとしても（またたとえ恋愛の対象としては見ることができないとしても）ロマンス以外にも異性とのつきあいには素晴らしい点がたくさんあるということに気づくチャンスを与えてくれる。「ロマンスを感じられない相手と試しにつきあってみなさい」というのは無理難題であろうが（「妥協してまでつきあいたくはない」との反論が多く返ってくることだろう）、勉強のつもりで仲のよい友人としてつきあってみるということであれば、可能なのではないだろうか。得るものは必ずある。

以上述べた二点というのは、簡単にまとめれば、「やすらぎの恋愛」を身につけるためのステップである。「刺激や興奮もいいが、やすらぎもまた素晴らしいではないか」、そう心も体も思えるようになることだ。ロマンス依存からの回復のためには、「刺激・興奮」と「やすらぎ」に等しく価値を見いだすことができるようになるかどうかが最大のカギなのである。

第5章

セックス依存

——苦しみを性愛でしか癒せない人たち

欲望と衝動が抑えきれない

〔ケース11〕貴志（32歳 会社員）

妻とセックスをしなくなってから、もう三年以上が過ぎているだろうか。しかし、その間に関係を持った女性の数は、風俗店での経験や売春を除いても、五〇人は下らないはずだ。ほんの数時間前に初めて出会ったばかりの女性とのセックスを終えた瞬間、貴志はそんなことをふと思った。そして、「いつもの嫌な感情」が突如として押し寄せてきた。一刻も早く家に帰りたかった。

貴志は一流商社に勤める、いわゆるエリートビジネスマンである。二七歳の時に同じ会社に勤めていた妻と結婚し、すぐに子どもをもうけた。というより、少なくとも本人の弁によれば、「彼女が妊娠してしまったので、責任をとらされた」のが真相だ。そんな若い時に、本当は結婚なんかしたくなかった。別に妻のことが嫌いなわけでもないし、自分の子どもはやはりかわいい。しかし、もっともっといろいろな女性と遊んでいたかったし、そもそも自分は結婚向きの人間ではないと思う。やはり、同じ会社の女性となどとつきあうべきではなかったのだ。貴志はいつもそんな後悔にさいなまれている。

彼の現在の状態はこうである。会社ではそれなりにそつなく仕事をこなしている。家庭でもそれなりに夫、父親の役割をこなしていると自分では思っている。しかし、妻との関係は冷えきっており、子どものため、世間体のために「良い家庭」を演じているというのが本当のところだ。

妻は貴志の「女癖の悪さ」を結婚前から噂で聞いていたし、結婚後もそれが直っていないことを明らかに知っている。はじめのうちは責めていたが、もうすっかりあきらめてしまい、その代わり「冷たくする」「(貴志の)家庭での居場所をなくす」というやり方で貴志に無言の抗議や復讐をしているようだ。

貴志には今、愛人と呼べる女性が二人いる。二人とも取り引き先の会社で知り合い、強引に攻めて口説き落とした。一カ月に二〜三度会う形で、食事↓ホテルでのセックス↓泊まらずにその日のうちに帰宅、というのがお決まりのコースだ。二人とも「遊び」と割りきっているようで、「奥さんと別れて結婚して!」などと言われることはないだろうと安心している。それに、そのうちすぐに別れてしまうだろう。今までもそうだったのだから。強引に攻めて口説き落とす↓短期間だけつきあう↓別れてまたすぐに別の女性へ、というのがパターンなのである。

さらに、週に一度は欠かさず風俗店に足を運んでいる。暇な時にネットで風俗情報をチェックしておき、会社での外まわりで空いたわずかな時間を利用するのだ。お店も、女性も、カタログのように好きに選べる、そして煩わしいこともなしにすぐに性行為ができる、そこがいいのだという。普通に口説いてセックスに持ちこむのとは、また違った面白さがあるというのだ。

出張は何よりの楽しみだ。日本国内の出張であれば、その土地の風俗を必ず利用する。見知らぬ土地で見知らぬ女性と一晩限りのセックスをするというシチュエーションが興奮をかき立てる。国外への出張でも同様だ。現地の取引先が「接待」として、または「気をきかせて」連れていってくれることもあるし、そうでなければ自分一人でも出かけていく。国内であれ、国外であれ、「出張」の二文字は、貴志にとって「セックスが思う存分できる」こととイコールになっている。

以上のようなこうした行為について、貴志自身、「度が過ぎている」と思っている。それに、お金がかかって仕方がないし（実は妻に内緒で消費者金融から時々借金をしている。もちろんそれは「女遊び」のためのものである）、特に取り引き先の女性とつきあうような場合には、会社に知られた時のリスクも怖い。だが、決してやめることができない。

「セックスしたい」という衝動が襲ってくると、何もかもがすべて遠くの彼方に飛んでいってしまい、「いかにしてセックスを手に入れるか」という思考だけが頭の中を支配してしまうのである。

ポルノ中毒

〔ケース12〕広樹（27歳 教員）

八畳のこぎれいなワンルームマンション。その押し入れのほとんどのスペースを占めているのは、アダルトビデオとアダルト本・雑誌である。これでも定期的に捨てたり、中古店・古本屋に売ったりと整理をしているのだが、それでも入ってくる数には追いつかない。数百本のビデオと数百冊の本・雑誌。それは増えていく一方である。

この部屋の住人は、数学を担当する私立中学校教師、広樹だ。若いという点も手伝っているだろうが、穏和な性格で教え方もていねいな広樹は生徒たちに人気がある。数学の教師というと、どこか「オタク」とのイメージを持つ方がいるかもしれないが、そうではない。高い身長とスラリとした体型、今時のファッションセンスで、女性の目にも魅力的に映るはずだ。実際、バレンタインデーには、切実な思いがこめられた手紙とチョコレートを毎年生徒から少なからずもらっている。

しかし、そうした「好青年」や「良き教師」の顔の裏には、誰にも言えない秘密が隠されていた（教師仲間以外の親しい男の友人は知っているが）。それが、異常なまでのポルノ好きという顔である。

ビデオは、家の近くの店でレンタルすると万が一生徒や他の教師に見つかる危険性があるので（広樹は学校から一つ離れた駅のところに住んでいる）、遠くの店にまで出かけていき一度に大量に購入する。雑誌やインターネットでの通信販売を利用することもある。だが、「万が一顧客リストみたいなのが流れたら……」との恐れから、なるべくこちらは利用しないようにしている。本や雑誌も同様で、都心の専門店に出かけていって、一度に大量に購入している。

こうしたポルノ商品関係に費やしている金額は月に五万円以上であり、手取りのおよそ四分の一がそれで消えてしまう。酒は適度、ギャンブルはまったくやらない、特に趣味はないことなどから、自由に使えるお金のほとんどをポルノに費やしているということができる。

最近では、インターネットでいくらでもポルノをダウンロードできることが、輪をかけている。有料のサイトでも、少々のお金をかければクオリティが非常に高いし、パソコン一台あれば保存のスペースもいらない。困るのはお金や保存のことではなく、時間のことだけだ。夢中になって画像や動画を次から次へと見ているうちに、もう明け方になっていたということも少なくない。ただし、レンタルビデオ店やポルノの販売店に行って、現物を見るのはまた違った楽しみがあるそうで、インターネットだけに絞るつもりはない。

もちろん、こうしたポルノを見て、マスターベーションを行う。それが何よりの楽しみなのだ。毎日必ず二回、週末など暇なときは三回も四回も行うこともある。ここ一年ほど彼女はいない。

しかし、はっきり言って、実際のセックスよりも、好きなポルノを見てマスターベーションをしているほうが、よほど快感が得られる。「愛」は得られないが、性的快感ということに関していえば、圧倒的にポルノやマスターベーションのほうが上なのだ。それに何より手軽ではないか。とりあえず今は、恋人がほしいとはまったく思っていない。風俗店に行ったこともあるが、こんな高いお金を出してこの程度の快感なら、そのお金でビデオや本をたくさん買ったほうがよっぽどいいと思った。それからはまったく行っていない。彼女がいればセックスはするが、マスターベーションの回数が多少減るくらいで、ポルノに対する情熱が変わるわけではない。

ポルノ商品を買う、見る、そしてマスターベーションをする。この行為は何ものにも代えがたい快感を与えてくれるが、同時に罪悪感も生む。「教師のくせに……」という声がいつもどこかから聞こえてくるのだ。違法なことをしているわけでも、誰に迷惑をかけているわけでもない。本当は罪悪感を覚える必要などまったくないのだ、と自分に言い聞かせようとしている。しかし、どこかしらで「自分の本当の姿が知られてしまったらどうしよう？」との不安感があることは否めない。
このままでいいのか、それとも悪いのか、その疑問が常に広樹を苦しめている。

やめられない火遊び

〔ケース13〕真美（34歳 専業主婦）

不倫相手とホテルから出てきたとき、まさかそこに自分の旦那が立っているとは夢にも思わなかった。凍りついたというよりは、わけがわからずボーッと立ちつくすのみだった。出てきた言葉も、「あなた、こんなところで何してるのよ⁉」である。後から考えれば、自分でも笑ってしまう。

その不倫相手とは、三カ月ほど続いていたときだった。友達どうしでよく行っているレストランの店員で、七歳年下だ。見た目もよく、遊んでいそうなタイプだったので、自分から誘った。彼は昼の時間帯が割と自由になるのが都合がよい。平日にも定休日がある。二人でランチをしながら昼間からワインを飲み、ホテルに行ってから関係が始まった。彼には他にも女性がいるようだが、こちらも遊びと割り切っているので、気にならない。

当然、旦那は大激怒で、離婚だ訴訟だという話になった。彼に対しても、損害賠償を請求すると息巻いている。私の様子が怪しいことに気づき、仕事を休んで、尾《つ》けてきたのだという。仕方がない、悪いのは私なのだから。子どもがいないことが幸いだ。別にこの人と別れても、一人でやっていける。

しかし、私の旦那はいい人なのだ。私から見れば気が弱すぎるほどだ。だからといって、物足りないから浮気をしたわけではない。男と遊ぶのが楽しくて、やめられないからというだけだ。旦那に非はない。しかし、私が言うのもなんだけど、人が良すぎるよ。結局、私と彼氏が旦那に土下座をして謝り、「この度のことを深くお詫び申し上げます。二度と会わないことを誓います」みたいな一筆を書いて収まった。私の実家に言わないでくれてありがとう。実家に言われたら、私きっと親から絶縁されるよ。

でも、申し訳ないけど、他にも一人、彼氏がいるんだよね。結婚前に勤めていた会社の三つ上の先輩だった人。妻子持ち。あなたと結婚する前から、関係があった。ごめんね。さすがに私も新婚当初は控えてたけど、向こうから誘いがあって久しぶりに会ったら、やっぱりそうなっちゃった。彼は忙しいからなかなか会えないけど、月に一回くらいは関係を続けている。

で、彼氏といえるのはそのくらいなんだけど、他でもちょくちょく遊んだりしている。まだ独身の友だちも多いから合コンに誘われるし、既婚て自分から言わなければ、絶対にバレない。他の既婚の友だちも来るしね。みんな遊びたがっている。二人で会って、その日のうちにセックスをして、気が向けば何回かは会うけど、引っ張らないようにしている。本気になられると厄介だから。

自分は本当に悪い女だと思うし、信じてもらえないだろうけど、旦那には本当に申し訳ないと思っている。いつか大変なことになるかもしれないのも覚悟している。でも、遊びをやめたら、退屈で死にそう。この刺激と快感は、私、きっとやめられないと思うよ。

セックスを求めてさまよう人々

以上、三つのケースをご覧いただいた。登場人物や状況は多様だが、共通点は何だろうか？　一つのキーワードはもちろん「セックス」だ。他にはどんなキーワードがあるだろうか？

その答えは「強迫性」である。この言葉は本書でも繰り返し出てきているので、もうおわかりいただけていると思う。ある行為に取り憑かれたような状態になり、それを行わずには、いてもたってもいられなくなることである。潔癖症の人が何十回、何百回と手を洗い続けたり、「電気をちゃんと消したかどうか」が気になって何度も家に戻ってしまうような場合がそうである。

この強迫性は、あらゆる依存症に共通するキーワードである(1)。アルコール依存症者は酒を飲むことがやめられない、薬物依存症者は薬物がやめられない、ギャンブル依存症者はギャンブルが、買い物依存症者は買い物が……といった具合である。これらはすべて「それをせずにはいられない」という強迫性をあらわしているのだ。

その点で、「セックス依存(Sexual Addiction)」とは、「セックスという行為(観念)に取り憑かれている状態」「セックスをせずにはいられない状態(セックスのことを考えずにはいられない状態)」「性衝動を自分ではコントロールできなくなっている状態」であると述べることができる。つまり、アルコール依存症をはじめとする他の依存症と基本的に同じなのである。実際、一度に複数の依存症に陥る「クロス・アディクション」においてもセックス依存は認められる。たとえば、女性であれば、食べ物への依存(拒食・過食)とセックス依存がクロスしていることが少なくない。

「セックスをせずにいられない」と文字で書くと、軽いイメージで思い浮かべられてしまうかもしれないが、アルコール依存症者が酒を求めてさまよっている状態と同じように考えていただきたい。実際、セックスができないと、吐き気のようなものがする、セックスのことしか考えられなくなる、体が震えてくるといった状態にもなり得るものなのだ。

セックス依存という概念

学問的にいうと、セックス依存という概念は、一九七〇年代から徐々に用いられ始め、一九八〇年代に大きく広まったものである。しかし、いまだに厳密な定義というものは存在せず、少なからず混乱があるというのが実状だ。

過剰な性衝動から、レイプといった暴力的な性行為、痴漢などの犯罪、一般的な社会・文化的通念では受け入れられにくい性行為（ＳＭなど）まで、性に関する多様で複雑な社会現象を記述し、説明するために用いられてきた。あれもこれも……という形で広く応用可能で便利な分、定義的な厳密さに欠けている感がある。

定義的な厳密さは別として、アメリカでは現在、セックス依存という概念は広く用いられている。たとえば、裁判でも用いられることがある。妻が夫の浮気を理由に離婚を申し立てたような場合、「夫はセックス依存症であったから浮気は仕方がなかった（責任能力がない）」といったことが夫側の弁護士から主張されたりするのである。そして心理学者や精神医学者が証人として呼ばれたりする。セクシュアルハラスメントや性犯罪の裁判でも同様である。

しかし、正直なところ、言葉だけが一人歩きしている部分が大きいと感じる。たとえば、最近では、雑誌やテレビ番組などで「セックス依存」というタイトルが出てくることがたまにあるが、単にセンセーショナルに煽《あお》り立てたり、読者・視聴者の性欲を喚起して注目を惹こうとしているだけのものが多い。たとえば、「セックス依存症の人妻たち！」など、登場するのは女性ばかりであったり、結局は「こんなに珍しい人がいる」「こんなにいやらしい人がいる」「(男性に向けて) だからあなたもセックスのチャンスがある」といったトーンになっていることがほとんどなのが残念だ。もっときちんとした知識の普及が必要であろう。

また、セックス依存の「セックス」という言葉には、一般に「普通のセックス」といって多くの人が思い浮かべるような意味だけがこめられているのではない。

まず、対策を「人間に対するもの (personal)」と「そうではないもの (impersonal)」という点で区別をする必要がある。

前者は説明するまでもなく、ケース11の貴志やケース13の真美のように、生身の人間を相手にしたセックスに耽溺するものである。一人の特定の相手との過剰な (といっても基準があるわけではないが) セックス、不特定多数の相手とのセックスということが起こる。

一方、後者はケース12の広樹のように、アダルトビデオ・本・雑誌・インターネットなどメディアにおけるセックスに耽溺するものである。ポルノ商品を強迫的に収集する、それらに常にひたっていないといられないということが起こる。

次に、行為の内容という点で「パラフィリア的なもの（paraphilic）」と「そうでないもの（nonparaphilic）」に区別する。

パラフィリア（paraphilia）とは、その人が「惹きつけられる（philia）」ものに「かたより（para）」があることをいう（2）（『現代性科学・性教育辞典』小学館）。前者（paraphilic）では、露出、窃視《せっし》（のぞき）、小児性愛、ＳＭ、フェティシズム的性行為などに耽溺する。一方、後者（nonparaphilic）はいわゆる普通のセックスや、マスターベーションに耽溺するものである。

自分・他者への深刻な被害

ここまででも、セックス依存というのが、ただ単純に「セックスが大好き」（また、いわゆる「プレイボーイ」「女好き、男好き」「淫乱」などの言葉やイメージ）とは違うことがおわかりいただけただろう。確かに、回数や頻度の過剰性も一つの要素にはなるが、衝動性や、背後にある心理的要因など、セックス依存はもっと根深いものを包含している。

また、深刻度・被害・リスクやダメージの大きさも重要ポイントだ。実際、セックス依存は自分にも、周囲の者にも、見知らぬ他者にも深刻な被害をもたらしうるものなのである。

性病、金銭的なもの（風俗店に行くために借金を重ねる、女性を惹きつけるため・つきあいを続けるためのお金など）、社会的地位の喪失・逮捕（不倫、性犯罪などでそうなる例は挙げるまでもないだろう）、家族との不和（異性関係をめぐっての配偶者との葛藤など）、家族への虐待（特にアメリカではセックス依存症者が自分の子どもを性の対象にする場合が問題になっている）、セックスをしていない時の空虚感、不安感、焦燥感、自分がセックス依存であることの罪悪感……など、挙げていけばきりがない。セックス依存というと、たとえばアルコール依存や薬物依存など他の依存症と比べてどうしても軽く見られがちであるが、実際、そんなことはないのである。

そうしたセックス依存の深刻度という点からも、パトリック・カーンズが設定した「セックス依存のレベル」はセックス依存の理解のために非常に参考になるだろう（『Out of the Shadows: Understanding sexual addiction』Hazelden）。

「レベル1」における行動は、一般的・文化的に受け容れられやすいという特徴を持っている。

万が一その一部が不適当なものである（時には非合法的なものである）とみなされることがあったとしても、「実際には広く行われていること」として一般に受け容れられてしまうことが多い。だが、そうした行動であっても、強迫的に行われるようになった場合は、自分にも他者にも破壊的な影響を及ぼすことになる。レベル1の行動の例としては、過剰なマスターベーション、一度に複数の性的関係を持つこと、ポルノを見ること、風俗店に足を運ぶこと、売春することなどが挙げられる。

「レベル2」における行動は、法的処罰につながりやすいものである。露出症、窃視症、いたずら電話などが例として挙げられる。こうした罪を犯した者に対しては、「まともな関係を築けない惨めなやつ」との見方がなされることが多いものの、被害者や処罰は確実に存在する。レベル2の行動に共通しているのは、「誰かが被害にあう」という点である。

「レベル3」の行動は、幼児虐待、近親相姦、レイプ、暴力など、「弱者を守るために作られた法律」を根本的に犯すものである。違法的であるのはもちろん、被害者に破壊的な影響を与える。このレベルの者に対しては、理解や同情はまったくといっていいほど得られないのが普通である。

苦しみを癒すセックス

国立療養所久里浜病院の白川教人氏と長尾博司氏は著書『依存症：溺れる心の不思議』（河出書房新社）の中で、依存の形成過程を「報酬効果」↓「反復作用」↓「精神依存」↓「耐性」↓「身体依存」↓「離脱症状」↓「反復使用」……との点から説明している。

たとえば、お酒を例にしてみよう。何か会社で嫌なことがあり、どうしようもないほど気分が落ちこんでいる。ベッドに入るが、あらゆるネガティブな感情が押し寄せてどうにも寝つけない。そこで、買い置きのワインをあけてみることにする。一杯、二杯と飲んでいくうちに気分がほぐれてきて、先ほどまでの落ちこみが嘘のように消えるではないか。おかげでぐっすり眠れてしまった。こうした心地よさの感覚など、ある対象が自分にとって利益のあるものだと認識することが「報酬効果」である。

すると、「酒を飲めばいい気持ちになれる、ぐっすり眠れる」という認識のもと、明くる日から、一杯の酒を飲んで眠ることが習慣になるかもしれない。また、眠る前だけではなく、酒を飲む機会も増えていくかもしれない。この繰り返しが「反復使用」である。

反復使用を続けるうち、やがて、酒を飲まないと眠れない、さびしさ、空虚感などが一気に襲ってくるようになり、酒を飲まずにはいられなくなる。「精神依存」の段階だ。同時に、体も慣れてきて、これまで飲んでいた量では前のような心地よさを得られなくなる。「耐性」ができてきたのだ。そのため、前のような快感を得ようと、飲む量がさらに増えていく。

そしてその量が増えて、体が行える処理能力を超えるようになると、いつも酒が体の中に入っていなければ落ち着かない状況になる。「身体依存」の段階である。逆に、酒が入っていないと、大量の汗、震え、イライラ、吐き気、うつなどの「離脱症状」が出るようになり、それを打ち消すためにさらなる「反復使用」へ……という循環である。

細かい違いはあろうが、セックス依存に対しても、基本的にはこれと同じプロセスをあてはめることが可能である。まず何らかのストレスや落ちこみ、心理的な問題などで心が苦しんでいる状態で（これについては後で詳しく述べる）、それが「セックスによって救われる」という経験をする（報酬効果）。すると、その時の快感を求めて、セックスが繰り返されるようになる（反復使用）。

セックスの場合、このとき同時に、「どうすればもっとも快感が得られるのか」（行為の内容など）、「どうすればセックスが得られるのか」（相手を見つける方法や口説き方など）ということが徐々に学習され、「儀式化（ritualization）」といって、お決まりのパターンができあがってくる。そして、セックスのことばかりを考えてしまうという「精神依存」の段階、相手の数・行為の内容・行為の回数や頻度などがエスカレートするという「耐性」ができあがっていく段階、セックスをしていないと身体的・精神的に苦しくなるという「身体依存」や「離脱症状」の段階、そしてそれを打ち消すための「反復使用」へというサイクルになる（3）。

正当化することで深みにはまる

セックス依存におけるこのサイクルを支えるのが、第1章でも触れた「認知システムの歪み」である。簡単にいえば、現実や事実を自分に都合のいいようにねじ曲げ、セックス依存を続けることを正当化してしまうのである。

たとえば、次のようなセリフ（心の中にしまわれていることも、外に出されることもある）がよくそれを示している。

「セックスぐらい、どうってことないさ。法律を犯しているわけじゃないし」

「誰でもやってることさ」

「自分へのご褒美だ」

「ちょっとした息抜きだ」

（性犯罪を犯すときなど）「見つかりっこないさ」「見つかっても大した罪にはならないさ」

「リラックスするためには仕方がないんだ」

「ちょっとした刺激を求めるぐらい、悪くはないでしょ？」

「向こうだって、満足しているんだし……」

「外で息抜きをしているからこそ、家庭や仕事がうまくいくんだ」

「男なら、それぐらいでなくちゃ」「やっぱり、いつまでも女でいたいじゃない」

「バレなければいいだけだよ」

「強引に誘われたから、仕方がなかったのよ……」
「みんな、もっと、自分を解放しなきゃ」
「セックスは心や体にいいって雑誌に書いてあったし……」

これらは、あたかも、「お酒ぐらい誰だって飲んでいるさ」でアルコールの過剰摂取を続けてしまうのと同じようなものである。

本当は自分でも「このままではいけない。やめなければ、何とかしなければ」ということはわかっている。わかっているからこそ、こうしたセリフで自分を正当化せずにはいられないのだ。そうしてセックス依存という深みへとどんどん自らを引きこんでしまうのである。

陥りやすいパーソナリティ

多くの人にとって、セックスは魅力的なものであろう(4)。特に男性であれば、できるだけたくさんの相手と、できるだけたくさんセックスしたい、お金や時間さえあれば風俗店にもどんどん行きたい、アダルトビデオ・雑誌・本もできるだけたくさん手に入れたいとの本音を持っている人は少なくないはずだ。

では、「セックスが好き・セックスを求めている」ということと、「セックス依存に陥る」ということの境目はどこにあるのだろうか。まずは、簡単に、次のチェックポイントを眺めてみてほしい。

チェックポイント

□セックスを得るためなら、たとえそれが嘘でも、平気で「愛している」と言える。
□気分が落ちこむと、どうしようもなくセックスがしたくなる。
□性欲を感じているわけではないのに、セックスやマスターベーションをせずにはいられなくなることがある。
□セックスへの衝動が高まると、自分を抑えることができなくなる。
□性犯罪を犯した、もしくはすんでのところで犯しそうになったことがある。
□セックスを終えた瞬間、罪悪感や自己嫌悪感、後悔など嫌な感情に襲われることが多い。
□セックスだけが、相手を求める唯一の動機になっている。
□セックスを得るためなら、ありとあらゆる手段を用いるし、どんな努力でもいとわない。
□(特に男性の場合) 初めて相手の女性とのセックスまで持ちこめたとき、「勝ち誇った」感じや、「自分は大した人物だ」という感じを持つことがある。

□初めて出会ったばかりで、性的関係を持ってしまうことが多い。
□不特定多数との性的関係の経験がある。
□セックスをしている時だけが、唯一「やすらぎ」を感じられる時である。
□セックスをしている時だけが、唯一「生きている」という実感を得られる時である。
□セックスをしている時だけが、唯一「愛されている」という実感を得られる時である。
□セックスをする前、セックスをしている時は相手のことを「愛している」と思えるが、終わった途端にその感情は消え去ってしまう。
□性に関して、「誰も知らない自分だけの秘密」が多い。
□セックスへの衝動に駆られると、リスクやデメリットのことがきれいさっぱり頭から抜け落ちてしまう。
□仕事のことなどでイライラしている時、セックスによってそれを鎮めようとする。
□パートナーとのコミュニケーションが苦手で、セックスがほとんど唯一のコミュニケーション手段になっている。
□ポルノ商品や風俗などに費やす金額が莫大で、生活を圧迫するほどになっている。
□性的なこと（不倫、複数恋愛、性的趣味など）が原因で、大きなトラブルに巻きこまれたことがある。

以上の項目は、「程度」の問題であり、誰にでも多かれ少なかれあてはまる傾向があることや、安易にセックス依存というレッテルを貼ることを避けるため、「○問以上があてはまれば……」との言い方はあえて避ける。しかし、あてはまる項目が多ければ多いほどセックス依存的傾向が強いということが言える。

では、以上の項目の意味を含め、これからセックス依存の心理的メカニズムをさらに詳しく検討していこうと思う。まずは「セックス依存に陥りやすいパーソナリティ」について見ていきたい。

これまでの調査結果からわかっていることは、不安を感じやすい人（不安にさいなまれやすい人）、抑うつ傾向が強い人（気分が落ちこみやすい人、気分の落ちこみが激しい人）、強迫的傾向が強い人（物事へのこだわりや「こうしなければならない、ああしなければならない」という思いこみや義務感が強すぎる人）、対人関係における感受性が強い人（人間関係に敏感な人、人間関係で傷つきやすい人）がセックス依存に陥りやすいということである。

これらはラヴィヴという学者が明らかにしたものであるが（Raviv, 1993）、ラヴィヴはさらに興味深いデータを提供している。セックス依存症者とギャンブル依存症者（5）のパーソナリティを比較したのである。その結果、セックス依存症者はギャンブル依存症者よりもさらに

「抑うつ」傾向が強いことがわかった。ギャンブル依存症者は、何の依存症にも陥っていない人に比べて「抑うつ」傾向は強かったが、その他の点（不安、強迫傾向、対人感受性）では差異は認められなかった。ちなみに、ラヴィヴは、こうした結果を踏まえて「セックス依存というのは、不安、抑うつ、強迫性、対人感受性に対処するための手段である」との結論を引き出している。

セックス依存症者のパーソナリティの特徴として、もう一つ「解離（dissociation）」を挙げることができる。簡単にいえば、「ジキルとハイド」的に、非常にかけ離れた二面的性格を持っているということである。

セックス依存症者の家族や友人たちはセックス依存症者のこうした側面について言及することが多く、実際、グリフィンらがセックス依存症者たちを面接したところ、その三分の二が何らかの解離性障害（dissociative disorder）を有していることが明らかになった（Griffin, Benjamin, & Benjamin, 1995）。しばしばおとなしくて温厚であると評判であった者、教師や警察官、政治的・経済的有力者などによる性犯罪や性的トラブルが明らかになり、「なぜ、あの人が……」と周囲を驚かせることがあるが、それもこの「ジキルとハイド」的なパーソナリティをよくあらわしている。

また実際に、ポルノをおいておくための部屋、愛人や売春婦を連れこむための部屋などを自宅とは別に借りて、文字通り二重生活を送っている場合もある。もちろん、「性に関する秘密がある↓それを隠さなければならない↓ますます二面性が強まる」との循環があることも忘れてはならないだろう。

それでは、セックス依存症者の心の奥深くへと、さらに足を踏みこんでいくことにしよう。セックス依存の裏にある深層心理には五つのポイントがある。

ストレスからの脱出——逃避

深層にある感情＝落ちこみ、イライラ、悩み、閉塞感、プレッシャー、緊張感、不安感、恐怖感

オーガズムの瞬間、それまで高まってきた体の緊張状態（筋肉、血圧、心拍、呼吸）が一挙に解放される。その時の心理的解放感というのは、他の行動ではまれにしか味わえないほど、強烈なものである。

性的欲求というよりは、右に挙げたような落ちこみやイライラをはじめとする「嫌な感情状態」から抜け出そうとして、セックスやマスターベーションを行った経験は多くの人にあるだ

ろう。たとえば、「眠れないからマスターベーションをした。そうしたらぐっすりと眠れた」という話や経験はよく聞かれる。これは緊張・興奮状態にあった体がオーガズムによって解放され、心身ともにリラックスできたためである。この場合、形としてはマスターベーションという性的行動であっても、動機や目的としては、性的なものとはかなりかけ離れた部分にあるといえるのである。

この「緊張からの解放感」の虜になって、セックスに対する依存が深まっていく場合がある。誰にとっても、それはセックスの持つ魅力の一つなのだが、その部分にのみ極端に惹きつけられるのである。

これを裏づけるように、高いストレス状況にさらされたことによって、セックス依存が始まるケースが多い。たとえば、仕事である。過酷なノルマを課される、慣れない業務への異動を命じられる、昇進によって重大な責任を負わされる……こうした仕事上での変化が引き金となり、慢性的な高ストレス状態になる。そのストレスから逃れる手段として、セックスやマスターベーションを利用するのである。

また、セックスの場合には、セックスによる緊張からの解放そのものだけではなく、男女関係に心理的エネルギーを向けることで目の前の問題から目をそらすことができることや、セックスに到るまでの恋愛プロセスや駆け引きによって高揚感を得られることも魅力になる（これ

について は第4章におけるロマンス依存の話を思い出していただきたい)。

この、「現実やストレスからの逃避」のためにセックス依存に陥るという点は、他の依存症のプロセスとまったく同じである。現実やストレスから逃避しようとして酒を選ぶならばアルコール依存症に、ドラッグを選ぶなら薬物依存症に、食べ物を選ぶなら拒食症や過食症に陥る。セックス依存では、その対象・手段としてセックスが選ばれたということである。

では、なぜある人は酒を、なぜある人はセックスを選ぶのか? という話になるが、それについては「遺伝子的影響」があることも徐々には明らかになってきているものの(たとえば、アルコール依存の形成に重要な役割を果たす遺伝子が見つかっている)、非常に単純な「状況要因」も見逃せない。簡単にいえば、「たまたまそこにあったから」というような要因である。眠れなかった、ふと冷蔵庫を開けるとビールが転がっており、それを飲んだらぐっすり眠れた。それから毎晩……という形でアルコール依存症に陥ったりするように、「たまたま接待でソープランドに連れていかれて……」という形からセックス依存に陥ってしまうこともあるのだ。

また、嫌なことがあると酒を飲んでまぎらせていた、ギャンブルでまぎらせていたという親の姿を小さい頃に見ていた場合、「そうか、嫌なことがあった時は酒を飲めばいいんだ、ギャンブルをやればいいんだ」ということを無言のうちに学習してしまうというような状況要因も存在する。セックスでいえば、小説・映画・ドラマ・マンガといったメディアの影響を受けて、「セックスをすれば、嫌なことがすべて忘れられる」との学習が行われてしまうことがあるだろう。

性格と職場がためこませるストレス

ポルノの収集がやめられないケース12の広樹は、非常に真面目な性格をしている。礼儀正しく、何事も細部まできちんとこなす。それにより、他の教員や生徒、生徒の親たちからの信頼を勝ち取っているであろうことは想像にかたくない。

だが、仕事、特に教員という仕事においては、そうした生真面目さが活かされるのだとしても、彼個人の心理的幸福（psychological well-being）という点についてては、それが必ずしも有利に働いているとはいえないようだ。簡単にいうと、生真面目すぎるがゆえにストレスを受ける傾向が人一倍強く、さらには、ストレスの処理が下手なのである。

たとえば、彼は授業の準備を入念に行わないと気がすまない。もちろん、準備を入念に行うことはプロの教員として当然であるが、彼の場合は柔軟さに欠けるのである。それこそ分単位で何をどう教えるかを頭に描いていて、その計画が狂うと焦りや不安に襲われてしまう（生徒にはそうした顔は絶対に見せないが、心の中ではそうだという）。

教員を始めてからもう数年になるにもかかわらず、いまだに、寝る前になると明日の授業はうまくいくだろうか、生徒はちゃんと自分の話に耳を傾けてくれるだろうか、意外な質問などされないだろうかなどと思いをめぐらせ、不安になることが少なくない。

こうした傾向が随所に認められる。授業の月単位の進捗具合、生徒の成績、生徒との関係、親との関係、他の教師との関係……あらゆることが大きな心配の種になり、それをうまく解決しようと過剰にまた神経や労力を使ってしまう。本人は「教師なんてみんなこんなものですよ」と言うが、彼の性格を考えると、そのストレスは相当なものであると思われる。

しかも、そのストレスを発散させる手段がないのだ。これといった趣味はない。遊びといえば、同僚の教師や友人と酒を飲んだりカラオケをするぐらい。休日といえども、たまった家事をしているうちに一日が終わってしまうことも多いし、授業の準備などついつい仕事をしてしまう。

このようにしてためこんだストレスの発散の手段、教員という現実の姿から逃れる手段として、彼の場合にはポルノが選択されたものと思われる。仕事から疲れて帰ってきた時、そして特に生徒や同僚の教師のことで何らかのゴタゴタがあった時などに、ポルノやマスターベーションへの衝動を抑えきれなくなることがそれを表している。広樹にとって、ポルノはもっとも手軽で、もっとも効果の高いストレス処理のための道具なのだ。

大学を卒業し、教員になり、一人暮らしを始めた時から、ポルノに耽溺し始めた。教員としてのストレスが引き金になっていることは今述べた通りだが、実家にいたということもポイントになっている。実家は狭い上に、妹が二人、祖父・祖母と同居という状況で、プライバシーの確保などとうてい無理で、部屋にポルノを隠しておいてこっそり見るということなど不可能だった。

そのせいか、一人暮らしになって真っ先にやったことといえば、好きなだけポルノを買いこみ、好きなだけそれにひたることだった。こうした状況要因と、性格、職業的要因などが複雑にからみ合って、広樹の強迫的ともいえるポルノ収集癖への引き金が引かれたものと思われるのである。

生きていることを確かめたい――自己確認

深層にある感情＝虚無感、離人感、無感覚、空虚感、「生きている」という実感の欠如、自己存在感の欠如

現代社会特有の病なのかもしれないが、『生きている』という実感が味わえない」との悩み

を抱える人が多いようである。何をするにつけても、「自分が何かをやっている」というよりは「自分というロボットが何かをやっている」「リモコンによって自分で自分を操っている感じ」がするというのだ。主体としての自分ではなく、客体としての自分しか認識できないという言い方もできるだろう。何をやるにしても、そこには客体としての自分しかいないわけだから、そのような中で生きていくのは苦しい、少なくとも喜びを味わえずに虚しいという状態になっているはずである。

セックスは、それに対する身近で、手軽な「救い」の手段になりうる。

動物的欲求、本能的欲求に対して、何事につけても強い抑圧を加えながら生活を続けている私たちにとって、セックスというのは「生きている」、特に一匹の動物として、生物学的存在として「生きている」という実感を頭からではなく、体全体から味わわせてくれるものだからである。セックスという言葉の前に、わざわざ「獣のような……」との言葉がつけられることがあるのは、それをよくあらわしている。

そこで、セックス依存の第二の形成要因として、この「生きているという実感を味わうためのセックス」の虜になることが挙げられる。

激しい空虚感や虚無感に襲われると、そのあまりのつらさから逃れたい一心で、人というのはどんなことでもいいから強い刺激を求めるものである。酒、ドラッグ、ケンカ、無謀な運転といった危険なものや非合法的なものもあれば、スポーツやジェットコースターといった合法的でかなりの安全性が確立されているものもある。

極端な例が、リストカットをはじめとする自殺的（自虐的）行動だ。理解しがたいかもしれないが、リストカットにはある種の強烈な快感があるといわれ、そのため、死ぬためではなくその快感を求めて、何度も何度も繰り返してしまうのである。その強烈な快感の一つの要素が、非常に逆説的なのだが、「強い刺激によって、自分が生きていることを実感する」であって、いわば「自分を取り戻す」作業、もっといえば「自己確認」のための作業なのである。

自己確認の手段としてセックスが選ばれるということは、利便性の面から非常に考えやすいことである。セックスが強い刺激を与えてくれることはいうまでもないが、それだけでなく、逮捕される危険性や命を失う危険性が少なく、そして手に入りやすい（もちろん性犯罪を起こせば逮捕されるし、性病などによって命も危険にさらされるが）。現在の社会であれば、たとえば男性であればお金によって、女性であれば羞恥心を捨て去り、犯罪や性病に巻きこまれるリスクを認識しないことによって、セックスは簡単に得られるのである。ましてや、マスターベーションであればなおさらである。

よって、第一の要因で述べたのと同じく、自己確認のためのセックスは、性的欲求とはかけ離れた部分にその動機づけがある。よって、その根本にある虚無感や空虚感を片づけない限り、性欲はないのに強迫的にセックスやマスターベーションを繰り返してしまうことになるのである。

セックスという自傷行為

「自己確認のためのセックス」で思い出すケースは、音楽アーティストを目指していた二四歳の女性である。

早紀には、リストカットをするクセがあった。だが、本当に死にたくてやっていたのではない。

作詞や作曲がうまくいかない時、ステージでうまく歌えず、自己嫌悪感とともに家に帰ってきた時が危ないという。だが、もっとも危ないのは、特に予定ややることがなく、家に一人でぽつんとしているときだ。「自分がブラックホールの中に吸いこまれていくような感覚」だと彼女は表現しているが、自分のすべてが空っぽになり、この世から消え去っていくような感覚に陥るのだという。そこで、「自分を取り戻すため」、とっさにリストカットを行うのだ。先に述べたのと同じく、「痛い！」という感覚や「血がどくどく出ている」という感覚が快感なのだという。慣れてくると、どれくらいの強さや深さで切るのがちょうどいいのかわかってくるそうだ。彼女の手首には数十か所にもわたる傷跡が生々しく残っている。

彼女がこれまで関係を持った男性の数は一〇〇人以上にのぼる。その大半が一晩限りの関係だ。リストカットができない時（やったばかりの時や、写真撮影を控えている時など）や、お酒を飲んだら余計に虚しくなってしまった時など、クラブに一人で出かけていっては、声をかけてきた男性と一夜をともにする。見知らぬ男性と肌を合わせること、そして危険もあること。その感覚が動物的でいいのだという。すると朝には、生き生きとした気分が戻ってくるそうだ。

実は、彼女は中学生の頃からリストカットを行っている。実家は地域でも指折りの資産家だったのだが、さまざまな要因から幼少時より彼女はひどい精神的孤独状態におかれていた。「一刻も早くこの家を出たくて」、その当時は本気で死のうと思ってリストカットを行った。救急車で運ばれたことも二度あるが、それでも死にまでは到らなかった。徐々に、本人いわく「趣味としてのリストカット」へ走っていった。

同時に体が成熟してくるにつれ、セックスがリストカットと同様の快感を与えてくれることに気づき始めた。刺激の強烈さという点ではリストカットには劣るが、セックスはセックスで刺激があるし、傷跡が残らない、より手軽なものとして魅力的だった。

高校卒業と同時に、彼女は家出同然で実家を出た。親たちは帰ってきてほしいと願っているようだが、自分自身、帰る家はもうないと思っている。その反面、自分の存在する場所ということについて、強烈な不安感を心の奥底に抱えている。ふとしたきっかけでその不安感が彼女の体中を駆けめぐる。そして、自分がこの世界に存在していることを確認すべく、生死をかけてリストカットやセックスに走るのである。

存在価値の証明書——パワー

深層にある感情＝コンプレックス、劣等感、自己否定感、自己無価値感

今までに関係を持った女性の人数を自慢する男性、逆にそれに対してコンプレックスを持っている男性は少なくない。また、ある女性と初めて関係を持つに到った時、「口説き落とした」ことを自慢げに語ったり、密かに誇りに思う男性もいることだろう。

男性にとっては、セックスは「有能感」と分かちがたく結びついている。これについては、進化論的なことや、社会・文化的なことも原因になっているが、いずれにせよ、「たくさんの女性とセックスできる男性＝有能な男性」との図式が我々の頭の中や社会の中にいまだに根強く残っている。昔であればいざ知らず、たくさんの女性とセックスすることや女性を口説き落とすことが、それすなわちその男性が優秀である証には今ではならないはずだが、「今まで三

〇人以上の女と寝たよ」と人に言う場合と、「今まで寝たのは一人だけ」と言う場合では、言うほうも言われるほうもその心理状態は大きく異なるのが実状であろう。

すなわち、セックスは男性にとって「男らしさ」の証であると同時に、「力」や「存在価値」があることの証明書なのである。女性をベッドに寝かせる時、服を脱がせる時、挿入する時、彼女を「征服した」気分になるという男性たちがいる。その瞬間、自分が男であること、自分に力があること、自分が有能であること、自分に魅力があること、自分に存在価値があること、その他諸々の感情が押し寄せてきて、自信がみなぎってくるのである。普段抱えているコンプレックスもどこかに吹き飛んでしまう。

セックスの時に男性がしゃかりきになって相手を満足させようとしたり、相手の女性がオーガズムを迎えたかどうかや、ペニスの大きさや射精までの持続時間を過剰に気にしたりするのもこのせいである。セックスをうまくできないということは、男として失格であり、自分が無能で存在価値がない人間だということの証明になってしまうのだ。つまり、プラスの方向にいくにしても、マイナスの方向にいくにしても、男性にとってセックスは自分の存在価値そのものがかかった重大事なのである。

一方、女性も例外ではない。程度としては男性ほどではないかもしれないが、「セックスを求められること＝女としての魅力があること、自分に価値があること」の証なのである。「セックスをすること＝」ではないことに気をつけていただきたい。男性が「セックスをした女性の数」が多ければ多いほど一般的にはうらやましがられる（少なくとも男同士ではネガティブにみられない）のとはまったく逆に、女性の場合、男性との性的経験数が多いと「淫乱」などとひどく軽蔑的に見られてしまう傾向がある。あくまでも、「求められている」段階の話である。

セックスによって、女性は男性を支配することができる。セックスを「餌」として、との表現は低俗的かもしれないが、セックスを目の前にちらつかせている段階では、男性はご機嫌をとったり、ほめたたえたり、プレゼントをしたり、豪華な食事に連れていったり、ロマンチックな場所に連れていったりと、あらゆることをするものである。簡単にいえば、ちやほやしてくれるのだ。女性のご機嫌や一挙手一投足を気にするのであり、それは男性を支配している状態に他ならない

以上は、セックスと「パワー（power）」の密接な関連をあらわしている（ここでは、権力・支配・有能さ・存在価値などの意味を合わせたものとして、パワーという言葉を用いている）。すなわち、セックスによってパワーを得たり感じたりすることができるのである。この「パワーのためのセックス」がセックス依存症の第三の心理的要因として挙げられるものだ。

根強いコンプレックス、劣等感、「自分には生きている価値がないんじゃないか」「自分の存在価値はないのではないか」という自己否定感や自己無価値感を心の奥底に抱えている者ほ

ど、「パワーのためのセックス」にはまりやすい。そして、パワーを得られる・感じられるのが唯一セックスをしている時（女性の場合には求められて、じらしたり、許したりした時）であるため、そうしたネガティブな感情を打ち消そうと強迫的にセックスを追い求めてしまうのである。

セックスでしか「愛」を感じられない——愛されている

深層にある感情＝孤独感、「自分は誰にも愛されていない」、自己無価値感、自己否定感

自分で自分を受け容れていない場合、ありのままの自分を自分自身が愛せない場合、その感情は他者へと投影され、「誰も自分を愛してくれない」という、いわば慢性的な愛情不足の状態になる。いくら誰かが「愛している」と言っても、「あなたが必要だ」と言っても、それを心から信じることはできない。そもそも自分が自分を愛していないのだから、愛していることをどんなに他者が力説しようと、行動で示そうとしても無駄なのである。

しかしながら、セックスはそれを可能にする。頭ではなく、身体感覚に、ダイレクトに、そして強烈に訴えかけることができるからである。

「愛している」と言われると、それを頭で理解しようとするため、「そんなわけない」とか「きっと自分の本当の姿を知らないからだ」など否定的な考えが頭にのぼってきやすい。そのため、結局のところその言葉を受け容れることができない。しかし、抱きしめられたり、肌と肌を触れ合わせたりしていれば、刺激や興奮も手伝って、そうした否定的な考えがのぼる余地がなくなる。

「セックスをしている時だけ、愛されていると感じることができる」という言葉は、女性からよく耳にする。一方、男性でもそのような言葉を口にする人はいるが、男性の場合には、「セックスを『許して』くれたこと＝愛情」と受けとる側面があると思われる。

すなわち、この場合のセックスは、「愛されていると感じるためのセックス」なのである。

もちろん、ほとんどの人も、セックスをしている時には「愛している・愛されている」という感情を味わうだろう。しかし、その感情を味わうのはセックスの時だけではないはずだ。一緒に散歩をしたり、楽しく語り合ったりしている時にでも、感じることができるであろう。ここで言っているのは、「セックスでしか」愛情を感じることができないということである。

誰でも愛情がほしい。誰かに愛されていると感じていたい。自分自身を愛せていない人間ならなおさらである（他者が唯一の愛情の供給源になるからである）。だから、「愛してくれない」「愛されていない」という不安感・恐怖感から逃れるために、強迫的にセックスを追い求めてしまうのだ。このメカニズムこそが、セックス依存の第四の心理的要因である。

これは共依存症者が陥りやすいパターンでもある。共依存症者は「愛されている」という確信や安心感を持つことが難しいとの点については第2章で述べた。また、「捨てられる」ことへの恐怖感が強いことも述べた。それが「愛されていると感じるためのセックス」につながることはすぐにおわかりいただけるだろう。共依存症者の場合、過去の親子関係・家族関係の中で、通常考えられるような意味でのやすらぎ、愛情、支持、保護、包容……といった経験が少ないため、どうしてもそれらとセックスを混同してしまうのである。

別の言い方をすれば、それらを得るための唯一の手段がセックスだと（無意識の中で）思ってしまうのである。セックス以外でもそうしたものは十分に得ることができるはずなのに、「セックスでしか得ることができない」という一種の視野狭窄に陥ってしまうため、強迫的にセックスを追い求めることになる。

また、共依存的傾向がある人の場合、「愛されるためには、何か特別なこと、相手が好むことをしてあげなければならない」という心理が生じやすい。そのため、強く迫られるとセックスを断れなかったり、「何かを求められる＝必要とされている＝自分には存在価値がある」という心理からセックスを求められるような状況を自ら作り出してしまったりする（派手な服装やメークであったり、言動やしぐさであったり、誘われやすいような場所に出かけることであったりすることなど)。この場合にも、結果として、行動パターンがセックス依存と同じような形であらわれてくるのである。

トラウマの癒し——再行動化

深層にある感情＝過去の傷を癒したい、もう一度やり直したい、忌まわしい記憶から逃れたい

セックス依存に関する欧米の学術論文では、セックス依存と性的虐待（sexual abuse）の関連を取りあげたものが多い。親や身近な人物、時には見知らぬ人間から受けた幼少期の性的虐待が原因で、大人になってからセックス依存に陥ってしまうケースである。

両者を結ぶルートにはさまざまなものがある。たとえば、性的虐待が行われていた家庭ということは、共依存症者やアダルトチルドレンを生みやすい家庭であるということができる。すると、「愛されていると感じるためのセックス」という第四の形成要因と同じパターンになることが考えられるのである。

また、「学習」ということもある。

たとえば、父親が娘に恒常的に性的虐待を行っていたとする。娘はそれが苦痛で苦痛で仕方がなかったということもあれば、少なくとも表層意識としては幼さゆえに実際自分がどんなことをさせられているのかよく把握できていなかったということもあるだろう。しかし、それが父―娘の恒常的な交流パターンの一つとなってしまっているために、「人との関係というのはこういう（性的な）ものなんだ」「こういうものによって、人とつながるんだ」「男性との関係というのはこういうものなんだ」ということを無意識のうちに学習してしまうのである。その学習によって、セックスが唯一のコミュニケーションパターンとなってしまうため、セックス依存のような形になってしまうのである。

「再行動化（reenactment）」というのもよくいわれることである。これがセックス依存の第五の心理的要因だ。

これは前章までにおいても繰り返し出てきた「再挑戦」という概念とよく似ている。すなわち、過去のある場面（もちろん、トラウマ的な、現在の心の苦しみのもととなっている場面）を再現することによって、その時に受けた心の傷を癒そうとすることである。たとえば、幼少期に父親から性的虐待を受けていて、その時の心の苦しみが今でも強烈に残っていたとする。すると、セックスをして「セックスというのは大したことではないのだ。あの時のことも大したことではなかったのだ」と思いこむことにより、過去の傷を癒そうとする力が働くのである。

もちろん、それは「ごまかし」、もう少し柔らかい言い方をすれば「擬似的」なものにすぎないため、そんなことをしても根本から傷を癒すことができない。何度その場面を再現しようと同じことである。そのために、いつまでもいつまでも、傷を癒そうとして強迫的にセックスを繰り返すことになってしまうのである。

また、自己懲罰的な意味合いがあることもあり、「性的虐待を受けたのは、自分が悪かったせいだ」と誤って信じこんでしまうと、「このような悪い自分を、またあの時のように罰してほしい」と自分を危険に追いこむようなセックス（たとえば、不特定他者とのセックスや、見知らぬ人間とのいきなりのセックス）を強迫的に求めてしまうことになる。ただし、「自己懲罰」願望によるセックスの場合には、性的虐待を受けたという場合だけではなく、「自分は罰せられるべき人間である」という信念が形成されている場合のすべてにあてはまるであろう。

過去の親子関係が原因という話なので、ついでに付け加えておくと、性的なことに関して極度に厳しい親のもとで育った子どもが、セックス依存になるケースがある。そのようなケースでは、「ジキルとハイド」的なパーソナリティであったり、二重生活を送っているような場合が多いようである。

それは精神分析でいう「抑圧」が強すぎるために、無意識の中にためこまれた性的欲求が大きくなりすぎて、自分で自分がコントロールできなくなってしまったためである。攻撃欲求や性的欲求といった、本能的などろどろとした部分の欲求は、たとえば社会生活に適応するために無意識下に抑圧されるのであるが、その抑圧があまりに強すぎると無意識下にあるものが大きくなりすぎて、ついには意識の領域を凌駕《りょうが》し始めてくる。そうすると、無意識の中にあるもののため自分ではコントロールがきかなくなるのである。

バランスよく、周囲にも社会にも認められる形で発散できていればそのようなことにはならずにすむ。よって、過去の親子関係ではなく、普段、本能的な欲求を強く抑圧してなければならないような職業についている人は、そうした危険性が高くなる。

なぜ泣きながらセックスするのか

二五歳の怜子はある専門学校に通っている。そこで、同じクラスにいる年下の大学生を自分から積極的に誘惑し、関係を持った。

ある日、怜子から「今日の午後、ウチに遊びに来て」と地図を手渡された彼は、何の疑問もなくその地図に書かれたマンションの呼び鈴を押した。出てきたのは何と、彼女の夫だった。

彼女は「あら、○○君じゃない。これ、夫よ」と部屋の奥からこちらを見ていた。頭が真っ白になったが、とっさに「忘れ物を届けに来ました」と自分の持っていた本を差し出して、一目散に逃げ帰った。

怜子は次々と男性を誘惑し、関係を持っては、こうしたゲームに男性たちを引きこんでいる。一年ほど前に結婚してから、もうすでに一〇人以上だ。怜子は外見的に非常に魅力的なせいか、男性たちも簡単に怜子の誘惑にのっていく。彼女が人妻だとわかっても、去っていく男性はいなかった。だが、結局、みんな去っていく。夫のいる時にわざと家に来させたり、本気の眼差しで「二人で外国に駆け落ちしましょう」など、彼女がしかけるゲームがあまりに厳しくて、ついていけなくなるのだ。

彼女はセックスが好きなわけではまったくない。むしろ、セックス恐怖症ともいえるもので、泣きながら、震えながらセックスをする。

その理由は明白だ。実は、彼女にはレイプされた経験があるのだ。高校生の時、つきあっていた恋人の友人に。

それ以来、セックスが怖くて怖くて仕方がない。行為に入ろうとしたその瞬間、あの時の悪夢がフラッシュバックしてくるのである。結婚と同時に、夫には正直に打ち明けた。彼は理解を示してくれ、結婚以来、ほとんどセックスはしていない。

これほどセックスに対する恐怖心が強いにもかかわらず、なぜ自ら誘惑して関係を持つのか？

そこで考えられるのが、先に述べた「再行動化」のメカニズムである。心理学的に見れば、彼女は、今度は自ら主導権を握って誘惑し、関係を持ち、難しいゲームに引きこんで男性を試す（というより罰する）ことで、過去の悪夢を消し去ろうとしているのである。おそらく彼女自身はそのメカニズムに気づいていないだろう。それに気づかない限り、過去の苦しみを癒そうとして、逆にもっと自分を苦しめてしまう悪循環からは抜け出せないのである。

以上、深層心理の面から見ると、セックス依存症者にとっては、セックスがセックスでなくなっている。少なくとも、普通に考えられるセックスとは異なっている。それは、逃避や自己確認、パワーなどを得るための手段であり、性欲、愛情、コンプレックス、有能感、虚無感、空虚感、孤独感など何から何までがごちゃ混ぜになってしまっているのである。結果としてあらわれる行動が「セックス」になっているだけなのであり、自分をそのセックスへと駆り立てる性欲以外の本当の心理的動機に目を向けていないために、強迫的にセックスを繰り返してしまうのである。

セックス依存を甘く見てはいけない。先に述べたように、逮捕・身体的病気・金銭的損失、社会的追放などの実害があると同時に、社会・文化的要因によって自分がセックス依存であること、回復に向けて努力が必要であることが見えなくなりやすいからである。恋愛依存症の他のタイプと比べた時、もっとも危険性が高いといっても過言ではない。

不安感、恐怖感、自己否定感、愛情への渇望、過去の傷といった心理的な意味での「セックス依存の根本にあるもの」にどう対処していくかという問題については、これまでの章も参考になるであろうし、最終章でさらに具体的に述べていく。よって、ここではセックス依存に特にいえることを、ポイントを絞って簡潔に紹介する。

回復への道は開けている

まずは自分がセックス依存であると認識することが大事である。別に、「依存症」というレッテルを貼る必要はなく、「セックスのことが自分の心や身体、生活に大きな影響を与えている」と認識するだけでもいい。セックス依存という概念は、特に我が国ではきちんとした形ではまだまだ一般的には知られていないので、あまり身近に感じられないかもしれない。「恥ずかしさ」という点から認めたくないかもしれない。メディアの影響によって「大したことではない」（むしろ望ましい）などと考えてしまうかもしれない。だが、認めないことには改善の道は開けてこないし、認めざるを得なくなった頃には手遅れになっているだろう。

次に、助けを求めることである。

これはあらゆる依存症にいえることでもあるが、セックス依存では特に大事である。セックスのことに関しては、自分だけの秘密にしておきたい、他人に言うのは恥ずかしいという心理、また言うべきではないという伝統的な社会規範が存在するからである。助けを求めにくい分、助けを求めることがより重要、より効果的になってくる。

残念なことに、セックス依存をテーマとしたセルフヘルプの本は我が国ではまったくといっていいほど出ていないので、他の心理的問題のように自分で本を読んで参考にするというのは難しく、助けを求める足がかりとして本が利用できるチャンスは少ない。よって、カウンセリングに行く、性の問題を扱っているクリニックに行くといったことにより、自分がどんな症状であるのか、どんな原因なのか、どうすべきかということなどを専門家と一緒に考えていくことがまずは最初のステップとなるだろう。

また、「SA（Sexaholics Anonymous）」といって、一九七八年にアメリカで誕生したセックス依存症者のための自助グループが、我が国にもある。話し合いをしたり、お互いに助け合ったり、指示を与え合ったりするこうした自助グループへの参加は、依存症からの回復にとって必須であるといわれている。

セックス依存からの回復のための、自分一人でもできる方法もある。主要なものを三つほど挙げておこう。

認知的再構成化（cognitive restructuring）

先に述べたように、セックス依存症者は「こんなの誰でもやっていることさ」「リラックスするためには仕方がないんだ」などと、セックスに依存している状態を否認・正当化するために現実を歪めて認識してしまう傾向が強い。そのために、セックス依存の状態から抜け出せなかったり、ますます深みにはまってしまう。だから、今持っているその「誤った考え方」を変えるのである。

たとえば、

「こんなの誰でもやっていることさ」↓「確かに誰でもセックスはしているだろうが、自分の行動は度が過ぎている」

「リラックスするためには仕方がないんだ」↓「リラックスするための方法は他にもたくさんある」

「強引に誘われたから、仕方がなかったのよ」↓「しっかりした意志を持てば、きっぱりと断ることができる」

「バレなければいいだけだよ」↓「多かれ少なかれ、いつかはきっと周囲にバレる時がくる。それに、今でも、周囲や自分自身を苦しめているではないか」

といった具合である。

普段からこうした新たな思考パターンの変換を頭の中で練習しておく。そうすると、セックスの衝動に駆られてまたいつもの思考パターンに支配されそうになった時、それを少しでも抑えることができるようになる。強迫性というのは恐ろしいほどの力を持っているので、すぐに・簡単にというわけにはいかないが、少なくともいつものパターンを抜け出す力の一助にはなるはずだ。

行動制限（defining behavioral boundaries）

セックス依存に陥っている人に、「今日から一カ月間、絶対に誰ともセックスをしてはいけません」と急な禁止令を出しても無理な話である。それができるなら、初めから依存などには陥らない。ゼロか一かの極端なやり方では無理であり、失敗の危険性、反動の危険性が大きい。

だから、できることから少しずつやっていくことが必要となる。これぐらいならできるという範囲を自分で決めておき、ルールとしてそれを守っていくのである。自分一人だとどうしてもルールを破ってしまうので、本当は一緒になってルールを作ってくれる人、ルールを破りそうになった時に支えてくれる人など、サポートしてくれる人物が他にいるとなおさらよい。

たとえば、「今日から一カ月間だけは、少なくとも見知らぬ人とのいきなりのセックスは避ける」「これ以上、新たな『恋人』は作らない」「ポルノ商品は一カ月に一万円以内にする」といった具合である。いきなりすべてを治そうとするのではなく、こうして徐々に徐々に段階を上げていくことで依存の状態から抜け出す、少なくとも破壊的にはならない範囲に依存の状態をとどめておくことができるようになる。

危険な状況の認識と回避（recognizing and avoiding high-risk situations）

セックス依存症者は、セックスを求めるがゆえにハイリスクな状況に引き寄せられがちだ。たとえば、不特定多数との乱交パーティ、非合法的な風俗・ポルノ商品に手を出す、性犯罪を犯しかねない状況、見知らぬ者にいきなりついていってしまうなどである。こうしたものには性病、暴力、犯罪、身の危険などが常にまとわりついている。ここでもまた、「大丈夫だ」「別に危険性はない」などと認知システムの歪みによってリスクを低く見積もってしまうことが原因になっている。よって、そういったものが大きな危険性をはらんでいることをしっかりと認識し、初めから回避しなければならない。セックスへの衝動に駆りたてられたとしても、そういった危険な状況においてその衝動を満たそうとするのではなく、とりあえずはもっと安全な別のやり方で衝動を満たすことを学習しなければならないのである。

また、そこまでハイリスクな状況に身をおくことが少ない人だとしても、たとえば歓楽街であるとか、異性が集まる・異性と知り合うチャンスが大きい状況（クラブであるとか、インターネットの交際掲示板であるとか、男性であれば水商売系のお店など）というのは、セックス依存を促進するリスクはありこそすれ、回復のチャンスにはとうていならないのだから、初めから避けることが賢明なのである。

パートナーへの告白

無論、これらは「簡単なポイント」であって、セックス依存からの回復のためには多大な時間、努力、周囲や専門家からの支持が必要であることを強調しておきたい。たとえば、シュナイダーという研究者たちは、セックス依存症者八二名とそのパートナー（恋人、配偶者など）に面接調査を行った。その結果、回復までには平均して三・四年という長い時間を要していたことが明らかになったのである（Schneider Corley, & Irons, 1998）。

「そんなに長くかかるなら……」と絶望やあきらめの気持ちになってしまう人がいるかもしれない。だが、朗報もある。セックス依存症者がパートナーに「自分はセックス依存症である」と打ち明けたところパートナーの半分以上から「それならば別れる」とある種の脅しを受けたという。しかしながら、実際に別れることになったのは、四分の一のカップルだけだったのである。結局、依存症者の九六パーセントが打ち明けてよかったと考えているし、パートナーの九三パーセントが打ち明けられてよかったと感じていた。

また、セックス依存症者の半分は、回復の過程で一度もしくはそれ以上、症状が逆戻りしていたり、努力から逃げていた経験があるという。すなわち、セックスのことで自分が困った状態にあると認めること、助けを求めること、粘り強く努力を続けることにより、時間はかかるかもしれないし、途中でリバウンドもあるかもしれないが、セックス依存からの回復は確実に可能なのである。

※注

（1）「依存症（addiction）」と「強迫性（obsessive-compulsive）」を分けて考えるべきであるとの議論（Shaffer, 1994など）もあるが、ここで特に区別しないこととする。

（2）以前は一般的に「正常でない」と思われるような性行為に対しては、「性倒錯（sexual perversion）」という言葉を用いていたが、「倒錯」という言葉が持つニュアンスを嫌い、一九七〇年代から「パラフィリア」が使われるようになったのである。

（3）セックス依存における身体依存の段階については、アルコール依存症や薬物依存症ほどまだ詳しく解明されていないが、脳内における神経科学的変化という点で、薬物依存とセックス依存は非常によく似ているといった報告がなされている（Sunderwirth, Milkman & Jenks, 1996）。

（4）あくまで「一般的に」ということであり、セックスが苦痛である、セックスしたいという欲求がまったく湧いてこないという人も少なくない（セックスレスをはじめとして、特に最近増えている）ことを念のためにお断りしておきたい。

（5）アメリカでは、ギャンブルに取り憑かれた状態が文字通り「病気」であると早くから認められてきた。「ギャンブラーズ・アノニマス（ＧＡ）」と呼ばれるギャンブル依存症者（「病的賭博〈pathological gambling〉」という言葉も使われる）ための自助グループの活動は一九五七年に始まっており、一八州に治療施設がある。一方、我が国ではごく最近になってやっと「病気」と認識され始めたばかりで、治療に取り組む機関も現在のところごくわずかである。

第6章

やすらぎと癒しを求めて

——回復への一〇のステップ

回復へのステップ

さて、いよいよ選択の時である。恋愛依存症というキーワードから本書を読み進めてきたあなたは、今、「何かをしたい」「何かを変えたい」と思っているだろうか。それとも「今のままでいい」と思っているだろうか。

これから恋愛依存症からの回復、またより健康な人間関係に近づくための一〇のステップを記す。重要なのはまず「実行」すること。とにかく何かを始めることで、初めて変化への道が開けるのである。

もう一つ重要なのは、「粘り強く努力を続ける」こと。恋愛依存症からの完全な回復には（特に親子関係や過去のトラウマなどが原因になっているような場合には）数年を要するのが普通だ。簡単に・あっという間に回復が訪れるということはめったにない。

よく、本に書いてあることやカウンセラーにアドバイスされたことを実行しても劇的な変化があらわれないため、すぐに何もかもやめて元通りという人がいる。しかし、変化というものは、山のふもとから一足飛びに頂上にたどり着くというような劇的なものであることは少なく、徐々に徐々にのステップなのである。ゆっくりワンステップずつ登っていくこと。それは長くて骨の折れるもの、退屈なものなのかもしれないので、途中でやめてしまったり後戻りしてしまうことも時にはあるだろう。しかし、自分では気づかないかもしれないが、そのワンステップごとに恋愛依存症からの回復というゴールが確実に近づいてくるのである。

とはいえ、何も暗く、悲壮な覚悟でステップを登っていく必要はまったくない、恋愛依存症については、まずは、「良い—悪い」という道徳的な要素は切り離すべきである。あなた（ひいてはパートナー）の心の健康のために、心理的なエクササイズをやるのだというくらいのとらえ方でよい。

健康な人間関係が目標

いよいよステップに入る前に、目標の目安として、心理学的に望ましいとされている「健康な人間関係（healthy relationships）」のポイントを挙げておこう（ちなみに、恋愛依存症におけるような関係は、「嗜癖的人間関係〈addictive relationships〉」「病的人間関係〈pathological relationships〉」「不健康な人間関係〈unhealthy relationships〉」などと呼ばれている）。

・自分と相手の間に適切な境界線が引かれている（たとえば、助けるべき時は手を差し伸べるが、そうでない時は黙って見守っていることができる）。
・「与えること」と「与えられること」のバランスがとれている。
・「現実」と「幻想」のバランスを取ることができる。
・人間関係の持つ「さまざまな効用」を広く得ることができる。
・成長を恐れない。成長に向けてお互いに努力することができる。
・お互いにありのままの自分を、ありのままの相手を受け容れている（さらに、互いの間にある「違い」を認めることができる）。
・支配―被支配、勝者―敗者、利用する側―される側ではない対等な関係である。
・固定化されていない、柔軟な関係である。
・お互いに「生き生きと」している。
・「親密さ」を恐れない。
・イヤなことには「イヤ」と、できないことには「できない」と、我慢できないことには「我慢できない」と言え、関係が自分を損なうものとわかった時には潔《いさぎよ》く立ち去ることができる。
・強迫的ではない（「こうするべき」「こうでなければならない」など、「〜べき」や「〜ならない」に縛られていない）。

心の悲鳴に気づきなさい――ステップ1「認める」こと

アルコール依存症者のための自助グループ「AA（Alcoholics Anonymous）」においては、参加者は自分の体験を「My name is ～ and I'm an alcoholic.」との言葉から語り始める。すなわち、自分はアルコール依存症者だと認めることから、すべてが始めるのである。それとまったく同じく、恋愛依存症からの回復においても、自分が恋愛依存症であると認めること、恋愛依存症に陥っているのは自分に責任があると認めることが最重要なのである。

「あなたは病気なのだ」「あなたがすべて悪いのだ」、それを今すぐ認めなさいと言っているのではない。そうではなく、「苦しい」「どうにかしたい」「もっとよくなる道があるのでは？」という自分の中にある心の声を認めることだと考えてほしい。

恋愛依存症者は「否認」をはじめとする防衛機制をはりめぐらし、自分が苦しい状態に陥っている、自分にも責任があると認めることを巧みに回避してしまう。

「ま、いろいろあるけど、私は幸せよ」「大丈夫、何の問題もないわ」「愛しているから仕方がないのよ」「彼さえ変わってくれれば……」「他の人だって同じようなものさ」といった本書で出てきたさまざまなセリフだ。

また、「私はそういう運命なのよ」と運や偶然のせいにしたり、「自分ではどうしようもなかったんだ」と衝動のせいにしたりすることもある。

それでは、いつまで経っても何も変わらない。そもそも「何も問題はない」(だから何もする必要がない)のだし、「どうすることもできない」(だから自分が何をやっても仕方がない)からである。

だがいったん、自分の本当の状態や自分の責任を認めた途端、状況は一変する。自分の運命や行動に対する支配権が手の中に戻ってくるからである。自分に責任があるということは、自分しだいでいくらでも変化が可能だということなのだ。その瞬間から、「どうすることもできない」が「どうにかできる」に変わるのである。たったこれだけの心理的変化だが、人生や行動全般に及ぼす影響は計り知れないものがある。

自分自身で認めるだけでいい。自分の中にいる自分、今までは見たくないがために箱の中に閉じこめてきた自分を温かい目で見つめてあげるだけでいいのである。認めるだけで、防衛機制のワナから逃れることができる。

他からの助けが必要――ステップ2「助けを求める」こと

行動の支配権があるということと、自分一人で簡単に治せるということは異なる。「自分はいつでも好きな時に恋愛依存から抜け出ることができる」と思うことは、否認の一種に他ならない。

依存症からの回復のためにもっとも有効であるとしばしば指摘される「12ステップ・プログラム」では、自分が依存対象に対して無力であると認めることが要求される。それは先ほどの「行動の支配権がある」という話とは何ら矛盾せず、「できること」と「できないこと」があるということである。

たとえば、アルコール依存症者が自分一人の意志だけで完全に依存症から回復することは非常に難しい。これは「できない」ことだ。それに対して自分は無力だということである。しかし、病院に行ったり自助グループに参加すること、これは「できる」ことである。簡単にいえば、できることは今すぐ始めよう、できないことはできないと素直に認め、助けを求めようということなのだ。できないこと、他からの助けが必要なことをいつまでも「できる」と思い続けていては、回復が不可能なのは自明である。

では、助けを求めるとはどういうことだろうか。まずは書店に行ったり、ネット検索をすることで、関連テーマについて解説した書籍（本書ももちろんそうであるが）やセルフヘルプ系の書籍を探してみるというのも簡単で手軽にできる有効な手だろう。タイトルや目次から何となく興味が持てる、自分に関連がありそうだと思えるものをいくつか購入してみるのがよい。恋愛依存症そのものについての書籍はまだ少ないが、依存症全般、家族・親子関係の影響、アダルトチルドレン、癒し的なテーマのものは最近よく出ているので、参考になるものを選べるはずである。回復のためのとっかかりとしては、特に有効な手段である。

ただし、一人で本を読んでいるだけでは、自分自身に対する客観的な目がなかなか持てにくいし、何でも悪いように考えてしまったりしてかえって気分が落ちこむことがあるかもしれない。そのためにはやはり友人の力を借りることが大切である（ただし家族やパートナー本人など「当事者」はやめておかなければならない。少なくとも初期の段階では特にそうである）。

たとえば、信頼できる友人に話を聞いてもらう、これだけでも三つの効用がある。

第一に、秘密や悩みによる苦しみというのは、外に出してしまうだけでかなり軽減されることであり、これはカウンセリングの最大の効用に他ならない。第二は、さらなる行動への自信がつくということだ。友人に話しても大丈夫だった、自分の秘密をさらけ出しても大丈夫だったということになると、安心してさらなるステップを踏めるようになる。第三には孤立や孤独感から救われるということだ。秘密や悩みを抱えれば抱えるほど、ますます自分の内側、内側に入りこむ、すなわち、自分の周囲に心理的な防御壁を作りたがるというクセが人間にはあり、その結果孤独の状態に陥っていく。そうするとますます悪循環にとらわれるようになる。

たとえば、孤独になればなるほど、ますます恋愛やセックスにしがみつかなければならなくなるだろう。

しかし、やはりもっともよいのが、専門家の援助を受けたり、自助グループに参加したりすることである。専門知識、経験、ノウハウなどはやはり専門家ならではのものがあるし、自助グループには支え励まし合える仲間やサポート役がいる。友人など身近な人だと、どうしても本当の状況や本当の気持ちを打ち明けにくいということもあるだろうし、専門家や経験者ではないので、時には不適切な対応をしてしまうこともあるだろう。特に、恋愛依存症にプラスして、重いうつや不安状態、落ちこみ、身体症状、他の依存症の症状などがある場合には、必ず専門家に一度相談していただきたい。

また、以下のステップでも出てくるが、親子関係や過去のトラウマなどに目を向ける場合には、自分一人だと強烈な感情に揺さぶられるなどしてかえって危険な場合があるので、専門家の診断や治療、自助グループなどの仲間からのサポートと併せて行っていくことが必要である。精神的ケアの体制やそれを受け容れる社会的風土については、アメリカなどに比べれば日本はまだまだ遅れているが、最近では徐々に整備されてきているので、気軽に門を叩いてみるといいだろう。

悪い行動パターンを自覚する
――ステップ3「いつものパターンに気づく」こと

ロマンスのにおいをかぎつけると急激にのめりこむロマンス依存症者、悩んでいる人を見ると救済者願望に取り憑かれる共依存症者、愛が深まるほど圧迫感から逃げ出したくなる回避依存症者、セックスを求めて不特定多数と関係を持つセックス依存症者など、恋愛依存症に陥っている人には「お決まりの行動パターン」があることを説明してきた。

もしあなたに恋愛依存の傾向があるとしたら、あなたはこれまで自分の行動パターンを把握していたであろうか。把握していなかったとしたら、それは「無意識」の力に支配されていたということである。無意識の中にあるものによって突き動かされていたために、自分では気づかなかったのだ。

その、いつもの行動パターンが、あなたに幸福をもたらしているというのであれば何の問題もない。これからもずっとそのパターンを続けていけばいいだろう。しかし、恋愛依存症者の場合は、そのいつもの行動パターンこそが、いつものお決まりの結末、そして不幸な結末を招いているのである。そこに気づかねばならない。それを認めなければならない。もしその行動パターンが本当に正しいものであったのなら、苦しい状況になど陥っているはずがないではないか。たとえば、次のような例はどうだろう。

・ロマンスを感じ、あっという間に恋に落ちるというパターン

↓今まで、はたして、その相手が本当にあなたの「王子様」や「プリンセス」であった試しがあるだろうか？（時間が経てば経つほど、ロマンスの要素は消えていくばかりではなかっただろうか？）

・「救済者」になるというパターン

↓今まで、はたして、相手を本当の意味で（たとえば借金の肩代わりをしたというような意味ではなく）「救う」ことができ、そしてそのことによって心から感謝され、ますます愛が深まっていったということはあるだろうか？（むしろ、相手の行動はますます悪化するとともに、あなたへの感謝の念も減る一方ということはなかっただろうか？）

・「支配者」になるというパターン

↓今まで、はたして、相手を完全に自分の思い通りに動かせたことがあっただろうか？　そしてそのことによって、あなたは心からの満足感ややすらぎを得られたことがあっただろうか？（むしろ、支配しようとすればするほど、関係が悪化したり、不快な感情が湧きあがってくることが多かったのではないだろうか？）

・不特定多数とセックスするパターン
↓今まで、はたして、セックスをすることで心からの満足感ややすらぎを得られたことがあっただろうか？（むしろ、セックスをすればするほど、セックスへの渇望がますます募るだけということはなかっただろうか？）

そう、いつもの行動パターンをしっかりと把握し、同時に、それがあなたにとって決してよいとはいえないものであることをしっかりと認識してほしいのである。

行動パターンの把握はより詳細であればあるほど望ましい。たとえば、「悩んでいる人に出会う↓救いたい・救ってあげなきゃという思考に取り憑かれる↓過剰なまでに世話を焼いてしまう↓初めは感謝されるが、相手にとってだんだんそれが当たり前になってきたり、相手にとって重荷になってきたりする↓相手が離れていくのを防ごうとますます世話を焼く↓……」といった具合である。

これは客観的な目を持って自分の過去の行動を振り返ってみたり、友人に尋ねてみたりすることでわかるだろう。あなたはおそらく、お決まりのストーリーやお決まりの役を、お決まりの共演者とともに演じているはずなのだ。

また、人によって、お決まりの「落とし穴」というのがあるので、それを把握しておくことも特に有効だ。

たとえば、ロマンス依存症者でよくあるのが「一目惚れ」（さらにどんな人に一目惚れしやすいかを把握しておくといいだろう）、共依存症者と回避依存症者ではお互いの出会い、セックス依存者では「高いストレスを感じた時」である。そうしたものが恋愛依存症への引き金を引くのである。その決定的な引き金にさえ注意しておけば、たとえ恋愛依存症的傾向が潜在的にあったとしても、その一歩手前で立ち止まっていることができる。

自分の行動パターンを把握するということは、「無意識に行っている行動パターンを、意識化する作業」と言い換えることができる。これは精神分析的治療のもっとも基本となる作業に他ならない。無意識を意識化することで、本当の原因を探り、心理状態や行動をコントロールする力を身につけるのである。

具体的には、そのいつもの行動パターンを紙に書き、目につくところに貼っておくとよい。そうすれば、視覚的なインパクトにより、さらに効果的に意識化の作業が可能となる。そして、「いつものパターンだな」と自分で気づいたら、いつもの行動パターンとは違う行動をとるのである。たとえば、共依存症者の場合、悩みを口に出された時、いつもだったら「オレが何とかするよ」と言っているのであったら、今回は「そうか、それは大変だね」ですませるのだ。こういう状況になったらこうしようと、あらかじめシミュレーションしておくのがよい。

とはいえ、いつもの行動パターンの力というのは非常に強力なものだ。頭では「ダメだ。変えなきゃ」と思っていても、初めのうちは体がついていかないことが多い。だが、いつもの行動をとれば、いつもの結末が待っていることを忘れてはいけない。

もし、どうしてもまたいつもと同じことをやってしまっているというなら、あえて自分から意識してそれをやること。「どうにもできない。どうしてもこうしてしまう」ではなく、「またいつもの同じクセだ。だけど、今回は、自分からあえてそれを進んでやるのだ。自分から選んでそれをやるのだ」と自分に言い聞かせるのである。そうすれば、結果的には同じ行動であっても、無意識は意識化され、行動に対するコントロール力が身についてくるのである。

抑圧された欲求を知る——ステップ4「引力に気づく」こと

いつものパターンに気づいたとしても、そこから容易には抜け出せないのは、そこに強い「引力」が働いているからである。孤独、不安、退屈、虚しさ、現実世界・現実の自分への不満、生まれ変わり願望、自己嫌悪、無力感、自己無価値感、捨てられることへの恐れ、親密さへの恐怖、ストレス、過去の傷、過去に得られるはずであったものへの渇望、過去への再挑戦、慣れ親しんだパターン、親への憎しみと愛情、必要とされていたい願望……挙げていけばきりがないが、こうしたものが恋愛依存症者の深層心理に渦巻いていることを説明してきた。これらが恋愛依存症の深層にある引力である。

恋愛依存症の場合、そうした引力の種類、そして程度が通常とは大きく異なっている。恋愛依存症者は、「恋愛が好き」「セックスが好き」なのではない。アルコール依存症者が、「酒好き」なのではないのと同じく、その根底には一般的に見れば恋愛やセックスとはまったく異質とも思える要素が隠されているのである。『星の王子様』（サン＝テグジュペリ／内藤濯訳／岩波少年文庫）に出てくる「呑み助」は、なぜ酒ばかり飲んでいるのかという星の王子様からの質問に対して、「酒を飲んでいる恥ずかしさを忘れたいから酒を飲んでいるのだ」と答えた。それと同じく、恋愛依存症の深層には、複雑な心理が隠されているのである。

そうした本当の引力（無意識の中に抑圧された欲求）が何なのか、また自分がどうやってその願望を満たそうとしているのかというメカニズムに気がつかないと、いつまでも同じことを繰り返さずにはいられなくなる（「反復強迫」のメカニズム）。なぜなら、ただ「お使いに行ってきて」と言われただけでは何を買ってきてよいかわからず、結局何度も何度もお店に行かなければならないのと同じく、自分が求めている本当のものがわからなければ、それを得ることはできないからである。

そのようなわけで、自分が本当に求めているものがわかれば、なぜ自分がそのような恋愛パターンにはまってしまうのかがわかる。自分をそこへと引き寄せる引力が一体何であるかがわかるのだ。そして、その引力さえわかれば、引き寄せられずにすむ。少なくとも、一方的に引き寄せられるのではなく、引き寄せられる力をある程度コントロールすることが可能になる。

また、無意識の中にある欲求を満たす手段として、かたよった形での恋愛やセックスを求めているということなのだから、その欲求をもっと違うやり方で、もっと健康的なやり方で満たす道を見つけることができるようになるのである。偽りのゴールに向かって自分を傷つけながら進んでいくのではなく、真のゴールに向かって自分をいたわりながら、自分を高めながら進んでいけるのだ。

自分を愛せなければ他者は愛せない

――ステップ5「自分を愛する」こと

もし、本当の意味で自分自身を愛することができるのなら、ありのままの自分を受け容れることができるのなら、恋愛依存症に陥ることは絶対にないだろうと断言できる。それが可能かどうかが、すべてのカギを握っているといっても過言ではない。

実は、フロイトは自己愛を病的な現象としてとらえていた。自己愛は成長するに従って他者に対する対象愛にとって代わらなければならないものであり、そこでつまずくと、分裂病などの病理を引き起こすと考えていたのである。

しかしながら、アメリカの精神分析学者コフートは、フロイトとは異なり、自己愛をポジティブに評価した。自己愛は我々の人格の安定性を保障するものであり、自己受容ができて初めて他者受容ができると考えたのである。現在では、多くの精神分析学者がコフートの説を支持している。

簡単にいえば、コフートの説は「自分を愛さなければ、他者は愛せない」ということであり、これは恋愛依存症を理解するための、鋭く的確な視点になりうる。先に説明したように、たとえば表面的には愛ゆえに恋人の世話を焼いているように見えたとしても、実はその裏では、「過度に世話を焼くことで自分から離れないようにする」といった力学が働いていたりする。自己愛の欠如ゆえに、「何か特別なことをしなければ私は愛される資格がない」と心の奥底で考えてしまっているからである。

また、自分を愛せないと、自分の幸福が許せなくなる。自ら不幸なほうへ不幸なほうへと足を向けてしまい、わざと相手に自分を虐げるようなことをさせたり、相手がさっていくように自分から仕向けてしまったりする。そして「ほうら、やっぱり私が愛されるわけないじゃない」と安心してしまう。

さらに、自分を愛していない者を、他者が満足させることは不可能に近く、常に愛情への渇望状態におかれるのである。自己愛の欠如、言い換えれば、自己否定感や自己無価値感が恋愛依存症の根本にあるのだ。

だからといって、「ですから、もっと自分自身を愛しましょう」とか「もっとありのままの自分を受け容れましょう」との言葉で片づくわけではない。ありのままの自分自身を愛するという感覚（自己愛性人格障害のように『過度のナルシシズム』に陥るわけでもなく、「～ができるから」といった『条件つきの愛』によるものでもなく、「自分はダメな人間だけど、それも仕方がない」などの『あきらめ』でもなく）、これは本当に難しいものだ。「ありのままの自分を愛する」、文字で書くと簡単だが、実際となるとこれほど難しいものもない。

だが、難しいからといって、あきらめるわけにはいかない。「難しいからこそチャレンジのしがいがあり、その分、到達できた時に得るものはとてつもなく大きい」との気持ちで、健全な自己愛を育てていただきたい。ここでは、具体的なアドバイスを二つほどしておく。

①エネルギーを自分に焦点化する

恋愛依存症者が本当の意味でもっと自分を愛するためには、恋愛やセックスにばかりエネルギーをそそぐのではなく、それ以外のこと、そして（これは特に共依存症者にいえることだが）もっと自分自身のためにエネルギーを使うことが有効である。

たとえば、あなたはこれまで恋愛やセックス、または相手のことで、莫大な精神的エネルギー、時間、労力、金銭などを費やしてきたことだろう。それを今度は自分のために使うのだ。焦点を自分自身に移し、恋愛やセックスとは離れた部分で、自分自身の楽しみややすらぎ、幸福を追求するのである。たとえば、共依存症者であれば、「どうすれば彼にもっと喜んでもらえるか？」ではなく、「どうすれば私はもっと幸せになれるのか？」と思考パターンを変えるのである（もちろん、「彼に喜んでもらうことが私の一番の幸せだ」などと考えてはいけない）。

恋愛やセックス以外でも、あなたに幸福をもたらすもの、あなたの成長を促すものはたくさんある。それに気づいていないとしたら、恋愛やセックスへの強迫観念にとらわれてまわりが見えなくなってしまっているか、ただ単にそういったものに出会うチャンスがなかったということだ。趣味でも、勉強でも、スポーツでも、友人関係でも、新しいことにチャレンジするなど（もちろん、酒、ドラッグ、ギャンブル、食べ物、買い物などといった他の依存症につながるものはいけない）、とにかくこれまで以上に恋愛やセックス以外のことで自分自身にエネルギーを使うのである。

そうすれば、必然的に恋愛・セックス・パートナーにしがみついている状態から抜け出すことができ、それゆえ自分自身を愛する気持ちが育つ。他の活動に目を向けるだけではごまかしにすぎないのではないかという反論もあろうが、まずは、ごまかしでもいいから恋愛やセックスから距離をおき、自分自身にエネルギーを集中させることが必要なのである。

②論理療法

自己否定感が湧きあがってきてしまうのは、深層心理に次の三つの信念が深く刻みこまれているためである。これらがあるために、常に・何をしても・どんなにがんばっても自分を愛する気持ちが持てないのだ。

①私は今のままでは愛されるに値しない人間だ。
②けれども、私は、〜した時だけ愛されるに値する。
③だから、私は、何としてでも〜しなければならない。

これらは「非合理的信念（irrational belief）」といって、誤った、かつ有害な考え方（思いこみ）の代表例である。これら非合理的信念を正しく、有益な「合理的信念（rational belief）」に書き換えていくのが論理療法（rational emotional therapy）である。論理療法は、出来事や物事そのものではなく、それらに対する私たちのとらえ方や考え方こそが、私たちの心理状態を決めるとの考え方に立っている。

たとえば、デートの約束をキャンセルされたとしても、普通に考えれば「何か急な用事が入ったんだな」とそれ以上でもそれ以下でもないことなのだが、自己否定感の強い人はそれを

「自分を愛していない証拠」「別れたがっている証拠」ととらえ、落ちこんだり相手を責め立ててしまうのである。

まず、先ほどの三つの非合理的信念を、①私は愛されるに値する人間だ、②今のままでも十分だ、③〜ができなかったからといって、私そのものがダメなのではない、との合理的信念に書き換えること。初めは「そんなこと言っても、私はここがダメだし、あそこがダメだし、このままでいいわけがないし」などと合理的信念を否定するような言葉が頭に浮かんでくることだろう。しかし、それに負けてはならない。自分自身を洗脳するぐらいの気持ちで、合理的信念を頭に叩き込むのである。

また、自分を否定するような言葉が頭に浮かんできた時は、「カウンタリング（countering）」といって、自分自身に反論することも有効である。たとえば、何かミスをした時に「やっぱり私はダメな人間だ」との言葉が浮かんできたら、「誰だってミスはする。次から気をつければいい」と反論する。この訓練を普段から行っておけば、自己否定感にとらわれることがずっと少なくなる。

論理療法は、手軽さや即効性という点で最近急速に発展しているものであり、特に健全な自己愛を育てるために有効なものであるから、ぜひ活用するといいだろう。

トラウマの影響力を知る――ステップ6「過去に向き合う」こと

心理学者のジョン・グレイは、恋愛には「90対10の原則」があると述べている（『Men are from Mars, Women are from Venus』、邦題『ベスト・パートナーになるために』大島渚訳／三笠書房）。グレイいわく、「私たちが異性関係の中で経験するさまざまな説明のつかない精神的混乱は、その原因の九〇パーセントは実をいえば自分の過去に関係がある。……一般的に、現在の経験が関係しているのは、わずか一〇パーセント程度だと考えていい」。

恋愛というのは過去の影響を強く受けるのだ。いや、「90対10」の通り、過去の影響力のほうが圧倒的に大きい。恋愛依存症では、そしてその症状が重ければ重いほど、そのことが強くいえるのである。

過去、特に幼少期の親子関係によって、「人と人との関係とはこういうものだ」「人とはこうやってつきあえばいい」「こうすれば愛される」などといった人間関係の基礎的部分のプログラミングがなされる。「三つ子の魂百まで」の通り、初期経験の影響力は非常に強く、大人になっても気づかぬうちにそのプログラム通りに動いていることが多い。そのプログラムがよいものであればいいが、悪いものであれば苦しい人間関係・恋愛をいつまでも繰り返すことにつながりかねない。

また、過去における心の傷、得られなかったものへの渇望は無意識の中へと抑圧され、自分でもコントロールがきかないほど生々しく強い感情として心の奥底に残り、いつまでも自分を突き動かし続ける。それが恋愛やセックスにかたよった形でしがみつかせてしまう、恋愛依存症の大きな形成要因になっているのである。

それにもかかわらず、「過去が現在の恋愛にどんな影響を及ぼしているのか？」などと冷静に・客観的にじっくりと考えた経験がある人というのは少ない。しかも、それを考える時のポイントを教えてもらえる機会などもないので、考えたとしてもかなりあやふやだったり、的はずれになってしまうこともあるだろう。だからこそ過去の影響を知るというプロセスは大事なのだ。

本書を読み進めてきたあなたなら、自分の過去のどのような部分が、どのような影響を現在に対して与えているのか、すでに気づいていることだろう。だが、ここでそれをもう一度再確認していただきたい。そして、ことあるごとに思い出していただきたい。

もっともよいのは、紙に書いて視覚化することである。まず、本書や関連本を手がかりにしたり、自分なりに冷静に考えてみて過去の影響を探る。もちろん、専門家と一緒に行っていくのが一番よいのだが、「私が今までで一番つらかったのは（他にも、悲しかったのは、怒りを感じたのはなど）いつだろう？」などと自分に問いかけてみてもいい。そして、そこで思いついたことをもとに、たとえば次のように書いてみるのである。


「お父さんは……という感じで、私は突き放されているように感じていた。

↓私はお父さんからもっと愛されたかった。

↓『お父さんに愛されたい』という満たされなかった願望を恋人に満たしてもらおうと思っているのではないか？

↓だから、『今度こそ愛されよう』『今度こそ振り向かせてみよう』と思って、尽くしすぎたり、ひどい状況でも我慢しているのではないか？」


こうやって、「過去↓現在」への一種のチャート図を作っておけば、頭が整理されるし、視覚からも頭に入ってくるので無意識の力を克服しやすくなる。もちろん、その図式が正解かどうかはわからないが（それにこれしかないという正解はないのだが）、一つの手がかりとして十分に効果的なやり方である。転移（親などある人物に対して抱いている無意識的な感情や葛藤を目の前の人物にぶつけること）や投射（自分の中に抑圧された感情や欲求を、あたかも他人が持っているものであるかのようにみなすこと）といった心理的メカニズムが引き起こす、現在に対する過去の悪影響を断ち切るための一助となる。

時に、「過去が云々」という話に対しては、「そんなことよりもまず先に、今どうすればいいか教えてください」との反応が返ってくることもあるが、やはり恋愛依存症から根本的に回復するためには、過去に向き合うプロセスが不可欠である。どこかが痛いからといって、その部分に痛み止めを打っているだけでは、一向に治らないのと同じだ。確かに、「今すぐできること」「今すぐやらなければならないこと」をやるのも大事だが、同時に、過去に向き合うプロセスも時間をかけてゆっくりと行っていく必要がある。

その逆で、過去にとらわれすぎてしまう人もいる。たとえば、過去の影響に気づいた途端、一気に絶望的になってしまったり、あきらめの気持ちになってしまったり、親を恨む気持ちで心がいっぱいになってしまうのである。しかし、「過去に向き合う」ということと「過去にとらわれる」ということはまったく違う。過去に向き合うのは、あきらめるためでも親のせいにするためでもない。ひとえに「手がかりを得る」ためなのである。自分の行動の原因（ここでは過去）がわかれば、それに影響されずにすむようになる。

たとえば、第2章で述べたように、安定や再挑戦のメカニズムによって自分が過去を繰り返そうとしていることに気づけば、「過去は過去、今は今」「大人になってからもあの時のことを繰り返そうとしているなんてばかばかしい」などとそこにはまってしまう確率は少なくなるだろう。過去の影響に気づいた時は、「もうダメだ」「しょうがない」「あいつのせいだ」となるのではなく、「なるほどそうなのか」と今後に活かすための手がかりとして冷静に受けとめればよい。「見たくないものを見てしまった」がゆえに、初めは苦しいこともあるかもしれないが、最終的にそのようになることを目標にしよう。

過去の心のほころびを作り直す
――ステップ7「過去を癒す」こと

恋愛における混乱の九〇パーセントが過去に原因があるとすれば、その過去を癒すことが回復への重要なカギとなることは自明である。

だが、「自分を愛すること」と同じく、「過去を癒すこと」も実際には非常に困難で骨の折れるプロセスである。初期経験というのは強烈に心や体に刻みこまれること、長い歳月をかけて形成されてきたものであること、強烈な感情を伴っていることが多いこと（そのため、理性の力だけで消すのは難しい）、などによるためである。

恋愛依存や人間関係についての問題、また過去の問題についてあなたが「軽い症状」なのであれば、本を読んで自分自身について考えたり、そこに書いてあるメソッドを実践してみたり、親しい友人に話してみたり、リラックスしながら自分の考えをまとめてみたりといったプロセスだけでも十分に効果的だ。新しい趣味にチャレンジするような気分で、楽しみながら自分を発見し、改善や回復に向けて、できる範囲で努力を積み重ねていけばいいだろう。

だが、もし「重い症状」ならやはり専門家や経験豊富な者との共同プロセスが必要である。「軽い」と「重い」の間の線引きは難しいところだが、心の傷というのは深ければ深いほど、不用意に触れるのは危険だ。苦しいから抑圧していたものを、無理やり引っぱり出す作業になるからである。しつこいようだが、それについては十分ご注意いただきたい。

とはいえ、「だから、専門のカウンセラーに相談してください」ではあまりにも不親切というものだろう。そこで、自分でもできる方法を、参考として一つ挙げておきたい。「再構成(reconstruction)」と呼ばれるものだ。簡単にいえば、強くなった現在の自我により、過去の心のほころびを作り直す作業である。

①一人で落ち着ける場所や時間を選び、目を閉じ深呼吸などをしてリラックスする。気分が落ち着いてきたら、あなたの心の傷となっている過去の場面を思い浮かべる（場面の選択については ステップ6を参考にしていただきたい）。その場面が今、目の前で繰り広げられているかのようにイメージする。特に、体の感覚として不安や怒り、苦しさが伝わってくるように。

②その場面に「今のあなた」を登場させる。今の自分がタイムマシンで過去に戻り、実際にそ

の場に足を踏み入れたような感じだ。初めは、遠くから今の自分がその場面を見ているというイメージだけでもいい。

③「過去のあなた」へとゆっくり、一歩一歩、近づいていく。母親が傷ついた子どもを抱きしめるような感じで、過去のあなたをそっと、やさしく抱きしめる。同時に、「あなたのつらさがよくわかる」「心配しなくても大丈夫」「私があなたを守ってあげるよ」などの言葉で、やさしく励ます。

④また、過去のあなたはその場面にいる他の人たち（たとえば、父親や母親など）に言いたくても言えなかったことがあるはずだ。それを今のあなたが過去のあなたに代わって、はっきりと口に出して伝える。

⑤過去のあなたを温かく包んであげられた、言いたかったことが言えた、と感じたら目を開ける。

このプロセスは急いで行う必要はない。途中で苦しくなってきたら、そこでやめてもかまわない。過去の心の傷というのは恐ろしいほどのマイナスのエネルギーを持っているので、急激にやろうとすると危険だ。少しずつ、ゆっくりと自分が心地よくできるペースで重ねて行っていくといいだろう。

このようにして、心の傷を受けた過去の場面に現在の自分を登場させることで、その過去の場面を作り直す（再構成する）のである。その場面自体が消え去ることはなくとも、意識化されることによって、その場面が無意識のうちに呼び覚ます強烈な怒りや悲しみなどに振り回される危険性が弱まる。また、場面の内容を変えることによって苦しみを軽減することができる。すなわち、過去の影響力をコントロールするとともに、過去を癒すための方法なのである。

執着をやめる――ステップ8「手をはなす」こと

私は特に宗教的な人間であるというわけではないのだが、仏教において強調される「執着を捨てる」という点は、心理学的に見ても非常に納得のいくところであると常々感じている。何かに執着しているがゆえに、悩み苦しんでいる人があまりにも多い。たとえば、「この仕事を失敗したら、出世の道がすべて閉ざされてしまう」「この学校に受からなければ、人生がすべてダメになってしまう」などと考えて、窒息しそうな状態で日々を送っている人である。

確かに、会社も出世も受験も本人にとっては非常に大切なことなのだろう。尋ねれば、それがどんなに大切なことかも嫌というほど説明してくれるだろう。だが、幸福、少なくとも心理的健康という面から見たらどうだろうか。

万が一自分の思い通りにならなかった時のことを考えればわかりやすいが、「出世しなければならない」よりも「出世できたらいいなあ」のほうが、「この学校に絶対に受からなければならない」よりも「この学校に受かればいいなあ」のほうが幸せに人生を送ることができるのではないだろうか。このように言うと、たとえば、「この学校に入れたらいいなあ」ぐらいの意気ごみでは負けてしまう、努力をしなくなってしまうとの反論もあるかもしれないが、しがみつくのをやめることと、努力をしないこととはまったく違うのである。

恋愛依存症というのは、かたよった形で恋愛やセックス、パートナーにしがみつくことである。だから、この「執着を捨てる」という話がそのままあてはまる。執着を捨てるとは、心理学的にいえば、強迫性から抜け出すということだ。強迫性が恋愛依存症のキーワードの一つであることは再三述べてきた。

では、なぜそうしたものに対する執着が捨てられないかというと、心の奥深くにたとえば次のような信念が形成されているからである。

「自分の欲求は、恋愛によってしか満たすことができない」

「この人がいなくなったら、私は生きていけない」

「私がいなくなったら、この人はダメになってしまうだろう」

「セックスだけが、自分の唯一の慰めだ」

「私を生まれ変わらせてくれる、完璧な人が必ずどこかにいるはずだ」

「すべては、自分の思い通りに事が運ばなければならない」

「あの人から愛されるためには、こうしなければならない」

「私を愛してくれるのは（私のことをわかってくれるのは）、この人だけだ」

「私だけが、この人のことをわかってあげられる」

「恋愛こそが自分のすべてだ」

このように、「これしかない」「あの人しかいない」「私しかいない」という視野狭窄な考え方や「〜しなければならない」という義務感・強迫感が、恋愛依存症の基底にある。だから、恋愛依存症から回復するためには、それを捨て去ることが必要なのである。捨て去るというよりは、「手をはなす」というほうが、イメージ的にわかりやすいかもしれない。

手をはなすという感覚は、言葉にすると難しいが、「もう絶対に彼（彼女）とは会わない」などと極端な行動に出たり、「幸せな恋愛なんて私には無理だ」などとあきらめたり、「恋愛をしたいが、そうしてはいけない」などと自分の欲求を抑圧してしまうことではない。それはまた別の形での強迫性につながるものであって、手をはなすこととは異なる。手をはなすというのは、自分が今引っぱっている力を緩めてやるということだ。

たとえばあなたが今、一〇〇キログラムの力をふり絞って恋愛やセックスのパートナーを引き寄せようとしていたとする（逆に、回避依存症者であれば、一〇〇キログラムの力をふり絞って鎖から逃げようとしているであろう）。それならば、その力を五〇キログラムにするのである。とりあえずはゼロにする必要はない。無理な力を出して自分を痛めつけていた分について、ふっと力を緩めてやればいいのである。

ここでも先に述べた認知療法が有効であり、今までの考え方を書き換える作業をするとよい。たとえば、

「恋愛だけが自分の欲求を満たすことができる」↓「他にも欲求を満たす道はたくさんある。恋愛もその一つだ」

「私は絶対にこの人から愛されなければならない」↓「この人から愛されれば幸せだ。でも、他にも私を幸せにしてくれる人はいるだろう」

「こうしなければ愛されない」↓「これで相手が喜んでくれれば私もうれしい。でも、そうでないこともももちろんあるだろう。それは仕方がないことだ。自分なりに無理をしない程度にがんばればいい」

といった具合である。

パートナーにしがみついてしまう、また、相手の世話を過度に焼いたり、相手をコントロールせずにはいられない共依存症者にとっては、特にこの「手をはなす」というプロセスが重要

である。パートナーからもっと手をはなすことを学ばなければならない。

パートナーは一人の大人である。自由に行動するとともに、その責任も自らすべて引き受けなければならない大人なのである。愛する相手の役に立ちたいと思うのは当然だが、あなたがすべてを肩代わりしてはならない。基本的な部分はすべて当人がやるべきことであり、周囲はプラスアルファの部分を引き受けるにとどめるべきなのだ。本人がやるべきことを何でもすべて肩代わりしてやってしまう過保護の親の愛情が、本当の意味での愛情とは違う（そして本人のためにならない）ことからもわかるように、本人が苦しみながらも自分の行動に責任をとり、それによって成長する様子を黙って見守ることも、本当の意味での愛情の一つなのである。

また、「過去を手ばなす」ことも重要だ。

ステップ6で述べたように、現在に対する過去の影響がわかった途端に、過去にとらわれ始めてしまう人がいる。たとえば、親への憎しみなどだ。だが、過去のことばかり考えていたり、「親のせいだ」ばかりを繰り返していても何も解決しない。過去は手がかりを知るためのものであって、しがみつくためのものではない。過去に向き合う、過去を癒すというプロセスを経ることによって、抑圧でもあきらめでもなく、自然な気持ちで過去が手ばなせるようになるだろう。

後戻りする誘惑に負けない
――ステップ9「リバウンドに負けない」こと

無理なダイエットをすると、「リバウンド」がきてもとの体重に戻ってしまったり、時にはもとの体重よりも多くなってしまうことがあるのは、もはや常識だろう。物事には何事も「波」がある。体調もそうであるし、気分でも「そう」と「うつ」の周期的な要素があることは経験からおわかりだろう。

恋愛依存症からの回復へのステップを経るごとに、あなたはどんどん変化していく。心理も行動も、より健康的な方向へと向かっていく。自分でも、漠然とかもしれないが、「何かよい方向に向かっている」と実感することができる。すると、突然、以前の状態へと逆戻りさせるような力が自分の中で働くことがある。回復した分の波がやってくるのである。

そうなると、以前と同じような行動をしたくてたまらなくなってくる。「刺激的な出会い」がほしくなったり、「尽くしたい願望」や「救いたい願望」が頭をもたげてくる。せっかくきっぱりと別れられた「ひどい相手」にメールをしたくてたまらなくなるかもしれないし、セックスを求めて街をさまよい歩いてしまうかもしれない。

また、こんなこともあるかもしれない。あなたが回復に向かうに従い、パートナーとの関係も以前の「不健康な人間関係」から「健康な人間関係」に変化してきた。すると、パートナーに対してまったく魅力を感じなくなってしまったり、パートナーとやること、話すことがなくなってきたことに気づくのである。それは、たとえば、以前は、ケンカしたり、黙って相手の言う通りにしていたり、懇願したり、脅したり、おだてたり、セックスばかりしていたという「コミュニケーションのパターン」が、回復によって崩れてきたためなのである。

以上は、回復の過程において必然的に起こってくることである。たとえば、回復するに従い、退屈感が襲ってくるようになったりする。これは今まで刺激や興奮ばかりを追い求めていたこと、恋愛やセックスにばかり多大なエネルギーを費やしてきたことの証拠である。「アッパー・リミット」(第2章参照)によって、幸福感が怖くなって、せっかく築きあげてきた幸福を壊そうとする力が働くかもしれない。恐怖感が募ってくることもある。それは未経験の心理状態や行動パターンに遭遇しているからである。

こうしたものに負けて逆戻りしてはいけない。むしろ、あなたが着実に回復に向かっている証拠であって、喜ばしいことなのである。麻薬をやめた時の禁断症状と同じで、この期間は苦しくて逆戻りしそうになるかもしれないが、これを乗り越えれば真の回復がすぐそこに待ち受けている。この禁断症状により、かえって前より悪化しているのではないか、以前のほうがよかったのではないかと感じることがあるかもしれないが、そうではない。いわば、あなたの体の中にある毒が、体の外へと抜け出している証拠なのだ。

リバウンドは何度もあなたを襲ってくるだろう。それは、授業の内容をしっかりと理解しているか、ある期間ごとにテストされるのと同じことだ。テストがあるとわかっていれば、あらかじめ心がまえをしておくことができる。リバウンドに負けてはいけない。

自分の力を信じる

――ステップ10「勇気を持って第一歩を踏み出す」こと

さて、本書もいよいよ最後となった。

あなたがこの本を手にしたのは偶然ではない。単なる好奇心からかもしれないし、切実な悩みを抱えてのことかもしれない。だが、「恋愛依存症」というキーワードから、あなたには何か学ぶべきことがあったのだろう。無意識のうちに、あなた自身に心が訴えかけていたのかもしれない。

恋愛依存症からの回復を目指す人、そこまでいかなくとも、自分を、恋愛を少し変えてみたいという気になった人は、勇気を持って今すぐ第一歩を踏み出してほしい。ここまで読み進めてきたあなたなら、すでに十分に準備は整っている。あとは第一歩を踏み出すだけなのだ。

本書に書かれていたようなことが、これまでのあなたの長い人生を占めてきたかもしれない。だとしたら、第一歩を踏み出すのは怖いだろう。あなたにとっては未知の領域だ。怖いのは当然である。

だが、今までの行動パターンを続けること、相手が変わってくれることだけを期待し続けること、奇跡が訪れること、苦痛を我慢し続けること、自分をごまかし続けること、頭の中で思考の堂々めぐりを繰り返すこと、これだけでは現実は何も変わらない。「あなた」が「何か」を「行う」ことが必要なのだ。そうすれば、必ず何かが変わるのである。はっきりとは目に見えないかもしれないが、必ず何かが変わるのである。

何をすべきかはこれまでに述べてきた。これまでの自分の行動パターンを紙に書き出してみることかもしれないし、カウンセリングに足を向けてみることかもしれない。自分がもっともやりやすいものからでいいから、すぐに始めることだ。「今から一カ月間だけ試しにがんばってみよう」と期間限定で始めてもよい。焦る必要も、ノルマに縛られる必要もない。まずは自分にとって心地よいと思えるペース、これなら続けられるというペースで行ってみよう。そして徐々にレベルを上げていけばよい。

日記をつけるというのも有効なやり方だ。自分がどんなことをしたか、どんなことを考えたか、どんなことを感じたか、書き記しておくのである。そうすれば、自分がどんなふうに進歩しているかもわかるし、同じ過ちを繰り返すのを防ぐこともできるだろう。自分専用のガイドブックとして、これほど役に立つものはない。

結論を急ぐ必要はない。回復には長いプロセスがかかる。進歩が見られないことにいらだったり、リバウンドすることがあるかもしれない。「本当にこのまま努力を続けて効果があるんだろうか？」と懐疑的になることもあるだろう。

しかし、努力を続けてほしい。回復というのはプロセスであって、程度の問題である。回復したか、しなかったかではなく、回復という終わりのない道、だが進めば進むほど幸福で満たされていく道があるだけなのだ。だから、「回復しなかった」「あまり変わりばえしない」「前のほうがよかった」（また逆に「完璧に回復したからもう大丈夫」）などと単純な、急ぎの結論を出す必要はないのである。

そもそも、あなたはもうすでに十分に苦しんできたのではないだろうか。今の状況ですでに十分苦しいのではないだろうか。だったら、未知のものにチャレンジすることで感じる危険性など、今さら恐れる必要などないのではないだろうか。それに、あなたは一人ぼっちではない。同じように、苦しみ、もがき、光を見いだそうと模索している人は数えきれないほどいる。それを忘れてはならない。

行き着く先がどこかはわからない。結局、今のパートナーと別れることになるのかもしれないし、二人の関係が見違えるほど改善するのかもしれない。だが、そうした結論を心配するよりも、まずはあなた自身が回復することに集中しよう。結論はその後だ。回復によってあなたの心理は大きく変化していくはずである。それで別れたほうがいいと思えば別れればいいし、何かしら改善の道があると思えばさらなる努力をすればいい。先のことをあれこれ考えて現状にとどまるのではなく、「今できること」をとにかくこなしていくことが先決なのである。

握りしめたナイフに気づかされた由美

ケース1の由美を覚えているだろうか。

由美に「救い」が訪れたのは、キッチンにあった果物ナイフを握りしめた瞬間であった。良樹にいいように利用されたり、時には身体的暴力まで受ける状態が半年も続いた頃、由美は完全に限界にきていた。別れたいのに別れられない苦しい状態、そんな自分への情けなさ、良樹への怒りと愛情、こうしたストレスから由美はもうどうしようもない状態に陥っていた。不眠やうつといった精神的症状もあらわれていた。

その日、良樹がまた突然やってきた。由美を抱き、「お小遣い」として一万円ほどせびっていった。そしていつもの通り冷たかった。金をせびる時以外は、これっぽっちもやさしさが感じられなかった。良樹が帰った後、テレビを見ていた由美は、突然発作的にキッチンに向かっていき、ナイフを握りしめた。なぜそうしたのかは自分でもよくわからない。手首を切るつもりだったのか、それとも良樹を殺すつもりだったのか……さまざまな思いだったのだろう、握りしめた手は震えていて、何をどうしたらよいかわからなかった。

だが、ナイフを握りしめたまさにその瞬間、大きな声がはっきりと自分の中から聞こえてきた……。

「私は何をやっているんだろう？」

自分でも驚くほど冷静な声であった。ナイフを握りしめたまま、キッチンにあった椅子に座りこんだ。手で顔を覆って目を閉じた。激しい嗚咽とともに、涙がとめどもなくあふれてきた。

涙が出つくした時、初めて悟った……「自分はバカなことをしている」。

それは良樹への怒りからでも、自分への怒りや情けなさから出てきたものでもなく、客観的な「気づき」の瞬間であった。

まるで、自分の中にいるもう一人の自分が、見るに見かねてやさしく教えてくれたかのようだった。

その日を境に由美は変わった。

私が以前に手渡していた本、しかし決して開かれることのなかった本を夢中になって読んだ。読み終えると、書店に行き、関連書を手当たりしだいに購入した。そこには自分と同じ姿が描かれていた。つらくて目を背けたかった。だが、過去の自分と闘うかのように、必死になって読み進めた。

なぜ自分が良樹から離れられなかったのかを知った。「共依存」との言葉とともに。そして、なぜ自分が共依存になったのか、痛いほどよくわかった。深い分析など必要なかった。自分と良樹の関係は、父親と母親の関係そのままだったのだから……。あれほど嫌っていたお父さん、怖くて仕方がなかったお父さん。なぜ母親がこのような父を選んだのか不思議で仕方がなかった。それで母親を恨む気持ちもあった。だが、気がついてみれば自分も同じような男性を選んでいたのだ。情けないような恥ずかしいような複雑な気持ちであった。

由美は私にさらなる援助を求めたが、私は共依存のメカニズムの解説や、行動上の注意点やアドバイスを行うにとどめ、知り合いのカウンセラーを紹介した。第三者と新たにステップを踏んでいくほうが、彼女にはより望ましいと考えたからである。

カウンセリングにおいては、初めのうちは、良樹とのことで生じた苦しみを必死に訴えるだけでそのほとんどが終わってしまったようだ。しかし、苦しみを安心して訴えることができるだけで、彼女にとっては大きな救いとなったのだろう。カウンセリングを受けるうちに、明らかに表情が変わっていった。そして、徐々により深層や内面へと癒しのプロセスが進んでいったようだ。守秘義務があるため、詳しい部分は私も知らないが、よい方向へと変化していることだけは確かだった。カウンセリングには三カ月ほど通った。

そして、由美は良樹との別れを決意した。

「別れたい」「もう来ないで」「出ていって」との言葉を口に出したが、それでも最後まで押し通すことはできず、しばらくは以前のような状態が続いていた（ただし、一方的に黙って利用されるということはなく、大ゲンカになったとしても良樹の要求をはねつけるようになった）。友人たちは、「良樹の荷物を全部部屋の外にほっぽりだしちゃえばいいじゃん」などと言っていたが、そこまではできなかった。また、別れたいと言うと、良樹は怒り、暴力に訴えようとして怖かった。「殺してやる」などとも言われた。

しかし、由美が以前のような由美ではないこと、由美が「利用できない」とわかると、良樹は自然と由美から離れていった。ある日、「他に女ができたから、お前なんかこっちから捨ててやるよ」との捨てゼリフを残して、荷物を引き上げていったのである。

良樹が部屋を出ていってから、およそ一年が過ぎた。

由美は恋愛依存症から回復し、現在幸福な恋愛の真っ最中である……と書きたいところだが、そこまではうまくいかない。実は一カ月に一度くらい、良樹と電話で話すことがある。だが、会うことは自分に厳しく禁じており、利用されるわけでもないため、友人として悪くない関係だという。また、その後二人の男性とつきあったが、短期間で終わってしまい、うまくいかなかった。理由は、「他に好きな人ができたから」とふられてしまったことと、「良樹に似たタイプだとわかったからすぐに逃げた」ということである。

しかし、本人も認める通り、状況は以前に比べて間違いなくよくなっている。「良樹に似た人」に惹きつけられてしまう傾向はまだあるようだが、以前のように破滅的な道を歩くことはない。また、恋愛のほうはまだまだでも、友人との関係や学校生活はとても楽しい。由美は回復への道を確実に歩んでいるのである。

由美の場合は極端な例である。どうしようもない状況に追いこまれて、初めて第一歩を踏み出した。しかも、自分からというよりは、自分の中から「突き動かされた」という形である。だが、本書を読み進めてきたあなただ。自分から勇気を出して第一歩を踏み出そう。今すぐにだ。遅すぎるということは絶対にない。

目標は幸福。そして恋愛ならば本当の幸福をもたらす恋愛をすることだ。「苦しい愛＝美しい愛」などという社会・文化的な洗脳に騙されてはいけない。無意識の中にある欲求や葛藤にも騙されてはいけない。「幸福とはこれである」と書くことはできないが、私たちの心の中には、自分にとっての、真の、やすらかな幸福を感じ取るセンスがそなわっているものだ。それをぜひ感じ取っていただきたい。

人生に起こることは、すべてレッスンである。テストではなくレッスンだ。合格・不合格、成功・失敗に振り分けるのではなく、私たちに必要な何かを学ばせるためのレッスンなのである。あなたが今、もし恋愛で苦しんでいるのだとしても、それを貴重なレッスンだととらえ、そこからどんどん学び、どんどん今後の恋愛や人生に活かすことができる。そう考えて、恋愛依存症からの回復のための第一歩を踏み出してみようではないか。

最後に、次の一節を引用して、本書を閉じたいと思う。

「起こり得る未来、それから顔を背けるな、
君たちにはいつでも選択が任されている。
別の未来、そして別の過去も」

（リチャード・バック著『イリュージョン』村上龍訳／集英社文庫）

本書は『恋愛依存症』（二〇〇〇年／ベストセラーズ）を加筆・改筆の上、刊行したものです。

【著者略歴】

伊東　明（いとう　あきら）

心理学者（博士）。早稲田大学政治経済学部卒業後、NTT勤務を経て、慶應義塾大学大学院にて博士号を取得。男性・女性心理学ならびにビジネス心理学を専門として、企業研修・コンサルティング・著述等の活動を行っている。『男は3語であやつれる』『人を傷つける女の話し方、明るくする女の話し方』（以上、PHP研究所）、『女が28歳までに考えておきたいこと』（三笠書房）、『ドリルで学ぶ恋愛心理学』（扶桑社）、『聞く技術が人を動かす』（光文社）をはじめとする著書多数。

恋愛依存症《れんあいいぞんしょう》

苦《くる》**しい恋**《こい》**から抜**《ぬ》**け出**《だ》**せない人**《ひと》**たち**

2015年3月29日　初版第1刷発行
2022年9月29日　初版第7刷発行

著　者──伊東　明

発行者──岩野裕一

発行所──株式会社実業之日本社

〒107-0062　東京都港区南青山5-4-30
emergence aoyama complex 3F
電話 03-6809-0452（編集部）
03-6809-0495（販売部）
https://www.j-n.co.jp/

印刷所──大日本印刷株式会社

製本所──大日本印刷株式会社

ISBN978-4-408-11134-6（学芸ビジネス）